AF202330

Tucholsky Wagner Zola˙ Scott Sydow Freud Schlegel
Turgenev Wallace Fonatne
Twain Walther von der Vogelweide Fouqué Friedrich II. von Preußen
Weber Freiligrath Frey
Fechner Weiße Rose von Fallersleben Kant Ernst Frommel
Fichte Richthofen
Engels Fielding Hölderlin Tacitus Dumas
Fehrs Faber Flaubert Eichendorff
Feuerbach Maximilian I. von Habsburg Fock Eliasberg Zweig Ebner Eschenbach
Ewald Eliot Vergil
Goethe Elisabeth von Österreich London
Mendelssohn Balzac Shakespeare Dostojewski Ganghofer
Trackl Lichtenberg Rathenau Doyle Gjellerup
Stevenson Hambruch
Mommsen Tolstoi Lenz Droste-Hülshoff
Thoma Hanrieder
Dach Verne von Arnim Hägele Hauff Humboldt
Reuter Rousseau Hagen
Karrillon Garschin Hauptmann Gautier
Damaschke Defoe Hebbel Baudelaire
Descartes Hegel Kussmaul Herder
Wolfram von Eschenbach Schopenhauer
Bronner Darwin Dickens Grimm Jerome Rilke George
Melville Bebel Proust
Campe Horváth Aristoteles
Bismarck Vigny Barlach Voltaire Federer Herodot
Gengenbach Heine
Storm Casanova Tersteegen Grillparzer Georgy
Chamberlain Lessing Langbein Gilm Gryphius
Brentano Lafontaine
Strachwitz Claudius Schiller Kralik Iffland Sokrates
Katharina II. von Rußland Bellamy Schilling
Gerstäcker Raabe Gibbon Tschechow
Löns Hesse Hoffmann Gogol Wilde Gleim Vulpius
Luther Heym Hofmannsthal Klee Hölty Morgenstern
Roth Heyse Klopstock Goedicke
Luxemburg Puschkin Homer Kleist
Machiavelli La Roche Horaz Mörike Musil
Musset Kierkegaard Kraft Kraus
Navarra Aurel Lamprecht Kind Moltke
Nestroy Marie de France Kirchhoff Hugo
Nietzsche Nansen Laotse Ipsen Liebknecht
Marx Lassalle Gorki Ringelnatz
von Ossietzky May Klett Leibniz
vom Stein Lawrence Irving
Petalozzi Knigge
Platon Pückler Michelangelo Kafka
Sachs Poe Kock
de Sade Praetorius Mistral Liebermann Korolenko
Zetkin

Aufsätze und kleine Schriften

Heinrich von Kleist

Impressum

Autor: Heinrich von Kleist
Umschlagkonzept: toepferschumann, Berlin

Verlag: tredition GmbH, Hamburg
ISBN: 978-3-8472-3586-6
Printed in Germany

Aufsatz, den sichern Weg des Glücks zu finden und ungestört –
auch unter den größten Drangsalen des Lebens – ihn zu genießen!

An Rühle [von Lilienstern]

Von Heinrich Kleist

Wir sehen die Großen dieser Erde im Besitze der Güter dieser
Welt. Sie leben in Herrlichkeit und Überfluß, die Schätze der Kunst
und der Natur scheinen sich um sie und für sie zu versammeln, und
darum nennt man sie Günstlinge des Glücks. Aber der Unmut trübt
ihre Blicke, der Schmerz bleicht ihre Wangen, der Kummer spricht
aus allen ihren Zügen.

Dagegen sehen wir einen armen Tagelöhner, der im Schweiße
seines Angesichts sein Brot erwirbt; Mangel und Armut umgeben
ihn, sein ganzes Leben scheint ein ewiges Sorgen und Schaffen und
Darben. Aber die Zufriedenheit blickt aus seinen Augen, die Freude
lächelt auf seinem Antlitz, Frohsinn und Vergessenheit umschwe-
ben die ganze Gestalt.

Was die Menschen also Glück und Unglück nennen, das sehn Sie
wohl, mein Freund, ist es *nicht immer*; denn bei allen Begünstigun-
gen des äußern Glückes haben wir Tränen in den Augen des erstem,
und bei allen Vernachlässigungen desselben, ein Lächeln auf dem
Antlitz des andern gesehen.

Wenn also die Regel des Glückes sich nur so unsicher auf äußere
Dinge gründet, wo wird es sich denn sicher und unwandelbar
gründen? Ich glaube da, mein Freund, wo es auch nur einzig genos-
sen und entbehrt wird, im *Innern*.

Irgendwo in der Schöpfung *muß* es sich gründen, der Inbegriff *al-*
ler Dinge *muß* die Ursachen und die Bestandteile des Glückes enthalten, mein Freund, denn die Gottheit wird die Sehnsucht nach
Glück nicht täuschen, die sie selbst unauslöschlich in unsrer Seele
erweckt hat, wird die Hoffnung nicht betrügen, durch welche sie
unverkennbar auf ein für uns mögliches Glück hindeutet. Denn
glücklich zu sein, das ist ja der erste aller unsrer Wünsche, der laut

und lebendig aus jeder Ader und jeder Nerve unsers Wesens spricht, der uns durch den ganzen Lauf unsers Lebens begleitet, der schon dunkel in dem ersten kindischen Gedanken unsrer Seele lag und den wir endlich als Greise mit in die Gruft nehmen werden. Und wo, mein Freund, kann dieser Wunsch erfüllt werden, wo kann das Glück besser sich gründen, als da, wo auch die Werkzeuge seines Genusses, unsre Sinne liegen, wohin die ganze Schöpfung sich bezieht, wo die Welt mit ihren unermeßlichen Reizungen im kleinen sich wiederholt?

Da ist es ja auch allein nur unser Eigentum, es hangt von keinen äußeren Verhältnissen ab, kein Tyrann kann es uns rauben, kein Bösewicht kann es stören, wir tragen es mit in alle Weltteile umher.

Wenn das Glück nur allein von äußeren Umständen, wenn es also vom Zufall abhinge, mein Freund, und wenn Sie mir auch davon tausend Beispiele aufführten; was mit der Güte und Weisheit Gottes streitet, kann nicht wahr sein. Der Gottheit liegen die Menschen alle gleich nahe am Herzen, nur der bei weiten kleinste Teil ist indes der vom Schicksal begünstigte, für den größten wären also die Genüsse des Glücks auf immer verloren. Nein, mein Freund, so ungerecht kann Gott nicht sein, es muß ein Glück geben, das sich von den äußeren Umständen trennen läßt, alle Menschen haben ja gleiche Ansprüche darauf, für alle muß es also in gleichem Grade möglich sein.

Lassen Sie uns also das Glück nicht an äußere Umstände knüpfen, wo es immer nur wandelbar sein würde, wie die Stütze, auf welcher es ruht; lassen Sie es uns lieber als Belohnung und Ermunterung an die Tugend knüpfen, dann erscheint es in schönerer Gestalt und auf sicherem Boden. Diese Vorstellung scheint Ihnen in einzelnen Fällen und unter gewissen Umständen wahr, mein Freund, *sie ist es in allen*, und es freut mich in voraus, daß ich Sie davon überzeugen werde.

Wenn ich Ihnen so das Glück als Belohnung der Tugend aufstelle, so erscheint zunächst freilich das erste als Zweck und das andere nur als Mittel. Dabei fühle ich, daß in diesem Sinne die Tugend auch nicht in ihrem höchsten und erhabensten Beruf erscheint, ohne darum angeben zu können, wie dieses Verhältnis zu ändern sei. Es ist möglich daß es das Eigentum einiger wenigen schönern Seelen ist, die Tugend allein um der Tugend selbst willen zu lieben, und zu üben. Aber mein Herz sagt mir, daß die Erwartung und Hoffnung auf ein menschliches Glück, und die Aussicht auf tugendhafte, wenn freilich nicht mehr ganz so reine Freuden, dennoch nicht strafbar und verbrecherisch sei. Wenn ein Eigennutz dabei zum Grunde liegt, so ist es der edelste der sich denken läßt, denn es ist der Eigennutz der Tugend selbst.

Und dann, mein Freund, dienen und unterstützen sich doch diese beiden Gottheiten so wechselseitig, das Glück als Aufmunterung zur Tugend, die Tugend als Weg zum Glück, daß es dem Menschen wohl erlaubt sein kann, sie nebeneinander und ineinander zu denken. Es ist kein bessrer Sporn zur Tugend möglich, als die Aussicht auf ein nahes Glück, und kein schönerer und edlerer Weg zum Glücke denkbar, als der Weg der Tugend.

Aber, mein Freund, er ist nicht allein der schönste und edelste, – wir vergessen ja, was wir erweisen wollten, daß er der einzige ist. Scheuen Sie sich also um so weniger die Tugend dafür zu halten, was sie ist, für die Führerin der Menschen auf dem Wege zum Glück. Ja mein Freund, *die Tugend macht nur allein glücklich.* Das was die Toren Glück nennen, ist kein Glück, es betäubt ihnen nur die Sehnsucht nach wahrem Glücke, es lehrt sie eigentlich nur ihres Unglücks vergessen. Folgen Sie dem Reichen und Geehrten nur in sein Kämmerlein, wenn er Orden und Band an sein Bette hängt und sich einmal als Mensch erblickt. Folgen Sie ihm nur in die Einsamkeit; das ist der Prüfstein des Glückes. Da werden Sie Tränen über bleiche Wangen rollen sehen, da werden Sie Seufzer sich aus der bewegten Brust empor heben hören. Nein, nein, mein Freund, die Tugend, und einzig allein nur die Tugend ist die Mutter des Glücks, und *der Beste ist der Glücklichste.*

Sie hören mich so viel und so lebhaft von der Tugend sprechen, und doch weiß ich, daß Sie mit diesem Worte nur einen dunkeln Sinn verknüpfen; Lieber, es geht mir wie Ihnen, wenn ich gleich so viel davon rede. Es erscheint mir nur wie ein Hohes, Erhabenes, Unnennbares, für das ich vergebens ein Wort suche, um es durch die Sprache, vergebens eine Gestalt, um es durch ein Bild auszudrücken. Und dennoch strebe ich ihm mit der innigsten Innigkeit entgegen, als stünde es klar und deutlich vor meiner Seele. Alles was ich davon weiß, ist, daß es die unvollkommnen Vorstellungen, deren ich jetzt nur fähig bin, gewiß auch enthalten wird; aber ich ahnde noch mehr, noch etwas Höheres, noch etwas Erhabeneres, und das ist es recht eigentlich, was ich nicht ausdrücken und formen kann.

Mich tröstet indes die Rückerinnerung dessen, um wieviel noch dunkler, noch verworrener, als jetzt, in früheren Zeiten der Begriff der Tugend in meiner Seele lag, und wie nach und nach, seitdem ich denke, und an meiner Bildung arbeite, auch das Bild der Tugend für mich an Gestalt und Bildung gewonnen hat; daher hoffe und glaube ich, daß so wie es sich in meiner Seele nach und nach mehr aufklärt, auch dieses Bild sich in immer deutlicheren Umrissen mir darstellen, und jemehr es an Wahrheit gewinnt, meine Kräfte stärken und meinen Willen begeistern wird.

Wenn ich Ihnen mit einigen Zügen die undeutliche Vorstellung bezeichnen soll, die mich als Ideal der Tugend im Bilde eines Weisen umschwebt, so würde ich nur die Eigenschaften, die ich hin und wieder bei einzelnen Menschen zerstreut finde und deren Anblick mich besonders rührt, z.b. Edelmut, Menschenliebe, Standhaftigkeit, Bescheidenheit, Genügsamkeit etc. zusammentragen können; aber, Lieber, ein Gemälde würde das immer nicht werden, ein Rätsel würde es Ihnen, wie mir, bleiben, dem immer das bedeutungsvolle Wort der Auflösung fehlt. Aber, es sei mit diesen wenigen Zügen genug, ich getraue mich, schon jetzt zu behaupten, daß wenn wir, bei der möglichst vollkommnen Ausbildung aller unser geistigen Kräfte, auch diese benannten Eigenschaften einst fest in unser Innerstes gründen, ich sage, wenn wir bei der Bildung unsers Urteils, bei der Erhöhung unseres Scharfsinns durch Erfahrungen und Studien aller Art, mit der Zeit die Grundsätze des Edelmuts, der Gerechtigkeit, der Menschenliebe, der Standhaftigkeit, der Bescheidenheit, der Duldung, der Mäßigkeit, der Genügsamkeit usw. unerschütterlich und unauslöschlich in unsern Herzen verflochten, unter diesen Umständen behaupte ich, daß wir nie unglücklich sein werden.

Ich nenne nämlich Glück nur die vollen und überschwenglichen Genüsse, die – um es mit einem Zuge Ihnen darzustellen – in dem erfreulichen Anschaun der moralischen Schönheit unseres eigenen

Wesens liegen. Diese Genüsse, die Zufriedenheit unsrer selbst, das Bewußtsein guter Handlungen, das Gefühl unsrer durch alle Augenblicke unsers Lebens vielleicht gegen tausend Anfechtungen und Verführungen standhaft behaupteten Würde, sind fähig, unter allen äußern Umständen des Lebens, selbst unter den scheinbar traurigsten, ein sicheres tiefgefühltes und unzerstörbares Glück zu gründen.

Ich weiß es, Sie halten diese Art zu denken für ein künstliches aber wohl glückliches Hülfsmittel, sich die trüben Wolken des Schicksals hinweg zu philosophieren, und mitten unter Sturm und Donner sich Sonnenschein zu erträumen. Das ist nun freilich doppelt übel, daß Sie so schlecht von dieser himmlischen Kraft der Seele denken, einmal, weil Sie unendlich viel dadurch entbehren, und zweitens, weil es schwer, ja unmöglich ist, Sie besser davon denken zu machen. Aber ich wünsche zu Ihrem Glücke und hoffe, daß die Zeit und Ihr Herz Sie die Empfindung dessen, ganz so wahr und innig schenken möge, wie sie mich in dem Augenblick jener Äußerung belebte.

Die höchste nützlichste Wirkung, die Sie dieser Denkungsart, oder vielmehr (denn das ist sie eigentlich) Empfindungsweise, zuschreiben, ist, daß sie vielleicht dazu diene, den Menschen unter der Last niederdrückender Schicksale vor der Verzweiflung zu sichern; und Sie glauben, daß wenn auch wirklich Vernunft und Herz einen Menschen dahin bringen könnte, daß er selbst unter äußerlich unvorteilhaften Umständen sich glücklich fühlte, er doch immer in äußerlich vorteilhaften Verhältnissen glücklicher sein müßte.

Dagegen, mein Freund, kann ich nichts anführen, weil es ein vergeblicher mißverstandner Streit sein würde. Das Glück, wovon ich sprach, hangt von keinen äußeren Umständen ab, es begleitet den, der es besitzt, mit gleicher Stärke in alle Verhältnisse seines Lebens, und die Gelegenheit, es in Genüssen zu entwickeln, findet sich in Kerkern so gut, wie auf Thronen.

Ja, mein Freund, selbst in Ketten und Banden, in die Nacht des finstersten Kerkers gewiesen, – glauben und fühlen Sie nicht, daß es auch da überschwenglich entzückende Gefühle für den tugendhaften Weisen gibt? Ach es liegt in der Tugend eine geheime göttliche Kraft, die den Menschen über sein Schicksal erhebt, in ihren Tränen reifen höhere Freuden, in ihrem Kummer selbst liegt ein neues Glück. Sie ist der Sonne gleich, die nie so göttlich schön den Horizont mit Flammenröte malt, als wenn die Nächte des Ungewitters sie umlagern.

Ach, mein Freund, ich suche und spähe umher nach Worten und Bildern, um Sie von dieser herrlichen beglückenden Wahrheit zu überzeugen. Lassen Sie uns bei dem Bilde des unschuldig Gefesselten verweilen, – oder besser noch, blicken Sie einmal zweitausend Jahre in die Vergangenheit zurück, auf jenen besten und edelsten der Menschen, der den Tod am Kreuze für die Menschheit starb, auf Christus. Er schlummerte unter seinen Mördern, er reichte seine Hände freiwillig zum Binden dar, die teuern Hände, deren Geschäfte nur Wohltun war, er fühlte sich ja doch frei, mehr als die Unmenschen, die ihn fesselten, seine Seele war so voll des Trostes, daß er dessen noch seinen Freunden mitteilen konnte, er vergab sterbend seinen Feinden, er lächelte liebreich seine Henker an, er sah dem furchtbar schrecklichen Tode ruhig und freudig entgegen, – ach die Unschuld wandelt ja heiter über sinkende Welten. In seiner Brust muß ein ganzer Himmel von Empfindungen gewohnet haben, denn »Unrecht leiden schmeichelt große Seelen«.

Ich bin nun erschöpft, mein Freund, und was ich auch sagen könnte, würde matt und kraftlos neben diesem Bilde stehen. Daher will ich nun, mein lieber Freund, glauben Sie überzeugt zu haben, daß die Tugend den Tugendhaften selbst im Unglück glücklich macht; und wenn ich über diesen Gegenstand noch etwas sagen soll, so wollen wir einmal jenes äußere Glück mit der Fackel der Wahrheit beleuchten, für dessen Reizungen Sie einen so lebhaften Sinn zu haben scheinen.

Nach dem Bilde des wahren innern Glückes zu urteilen, dessen Anblick uns soeben so lebhaft entzückt hat: verdient nun wohl Reichtum, Güter, Würden, und alle die zerbrechlichen Geschenke des Zufalls, den Namen *Glück*? So arm an Nuancen ist doch unsre deutsche Sprache nicht, vielmehr finde ich leicht ein paar Wörter, die das, was diese Güter bewirken, sehr passend und richtig ausdrücken, Vergnügen und Wohlbehagen. Um diese sehr angenehmen Genüsse sind Fortunens Günstlinge freilich reicher als ihre Stiefkinder, obgleich ihre vorzüglichsten Bestandteile in der Neuheit und Abwechselung liegen, und daher der Arme und Verlaßne auch nicht ganz davon ausgeschlossen ist.

Ja ich bin sogar geneigt zu glauben, daß in dieser Rücksicht für ihn ein Vorteil über den Reichen und Geehrten möglich ist, indem dieser bei der zu häufigen Abwechselung leicht den Sinn zu genießen abstumpft oder wohl gar mit der Abwechselung endlich ans Ende kommt und dann auf Leeren und Lücken stößt, indes der andere mit mäßigen Genüssen haushält, selten aber desto inniger den Reiz der Neuheit schmeckt, und mit seinen Abwechselungen nie ans Ende kommt, weil selbst in ihnen eine gewisse Einförmigkeit liegt.

Aber es sei, die Großen dieser Erde mögen den Vorzug vor die Geringen haben, zu schwelgen und zu prassen, alle Güter der Welt mögen sich ihren nach Vergnügen lechzenden Sinnen darbieten, und sie mögen ihrer vorzugsweise genießen; nur, mein Freund, das Vorrecht glücklich zu sein, wollen wir ihnen nicht einräumen, mit Gold sollen sie den Kummer, wenn sie ihn verdienen, nicht aufwiegen können. Da waltet ein großes unerbittliches Gesetz über die ganze Menschheit, dem der Fürst wie der Bettler unterworfen ist. Der Tugend folgt die Belohnung, dem Laster die Strafe. Kein Gold besticht ein empörtes Gewissen, und wenn der lasterhafte Fürst auch alle Blicke und Mienen und Reden besticht, wenn er auch alle Künste des Leichtsinns herbeiruft, wie Medea alle Wohlgerüche Arabiens, um den häßlichen Mordgeruch von ihren Händen zu vertreiben – und wenn er auch Mahoms Paradies um sich versammelte, um sich zu zerstreun oder zu betäuben – umsonst! Ihn quält und ängstigt sein Gewissen, wie den Geringsten seiner Untertanen.

Gegen dieses größte der Übel wollen wir uns schützen, mein Freund, dadurch schützen wir uns zugleich vor allen übrigen, und wenn wir bei der Sinnlichkeit unsrer Jugend uns nicht entbrechen können, neben den Genüssen des ersten und höchsten innern Glücks, uns auch die Genüsse des äußern zu wünschen, so lassen Sie uns wenigstens so bescheiden und begnügsam in diesen Wünschen sein, wie es Schülern für die Weisheit ansteht.

Und nun, mein Freund, will ich Ihnen eine Lehre geben, von deren Wahrheit mein Geist zwar überzeugt ist, obgleich mein Herz ihr unaufhörlich widerspricht. Diese Lehre ist, von den Wegen die zwischen dem höchsten äußern Glück und Unglück liegen, grade nur auf der Mittelstraße zu wandern, und unsre Wünsche nie auf die schwindlichen Höhen zu richten. So sehr ich jetzt noch die Mittelstraßen aller Art hasse, weil ein natürlich heftiger Trieb im Innern mich verführt, so ahnde ich dennoch, daß Zeit und Erfahrung mich einst davon überzeugen werden, daß sie dennoch die besten seien. Eine besonders wichtige Ursache uns nur ein mäßiges äußeres Glück zu wünschen, ist, daß dieses sich wirklich am häufigsten in der Welt findet, und wir daher am wenigsten fürchten dürfen getäuscht zu werden.

Wie wenig beglückend der Standpunkt auf großen außerordentlichen Höhen ist, habe ich recht innig auf dem *Brocken* empfunden. Lächeln Sie nicht, mein Freund, es waltet ein gleiches Gesetz über die moralische wie über die physische Welt. Die Temperatur auf der Höhe des Thrones ist so rauh, so empfindlich und der Natur des Menschen so wenig angemessen, wie der Gipfel des Blocksbergs, und die Aussicht von dem einen so wenig beglückend wie von dem andern, weil der Standpunkt auf beidem zu hoch, und das Schöne und Reizende um beides zu tief liegt.

Mit weit mehrerem Vergnügen gedenke ich dagegen der Aussicht auf der mittleren und mäßigen Höhe des *Regensteins*, wo kein trüber Schleier die Landschaft verdeckte, und der schöne Teppich im ganzen, wie das unendlich Mannigfaltige desselben im einzelnen klar vor meinen Augen lag. Die Luft war mäßig, nicht warm und nicht kalt, grade so wie sie nötig ist, um frei und leicht zu atmen. Ich werde Ihnen doch die bildliche Vorstellung *Homers* aufschreiben, die er sich von Glück und Unglück machte, ob ich Ihnen gleich schon einmal davon erzählt habe.

Im Vorhofe des Olymp, erzählt er, stünden zwei große Behältnisse, das eine mit Genuß, das andere mit Entbehrung gefüllt. Wem die Götter, so spricht *Homer*, aus beiden Fässern mit gleichem Maße messen, der ist der Glücklichste; wem sie ungleich messen, der ist unglücklich, doch am unglücklichsten der, dem sie nur allein aus einem Fasse zumessen.

Also *entbehren und genießen*, das wäre die Regel des äußeren Glücks, und der Weg, gleich weit entfernt von Reichtum und Armut, von Überfluß und Mangel, von Schimmer und Dunkelheit, die beglückende Mittelstraße, die wir wandern wollen.

Jetzt freilich wanken wir noch auf regellosen Bahnen umher, aber, mein Freund, das ist uns als Jünglinge zu verzeihen. Die innere Gärung ineinander wirkender Kräfte, die uns in diesem Alter erfüllt, läßt keine Ruhe im Denken und Handeln zu. Wir kennen die Beschwörungsformel noch nicht, die Zeit allein führt sie mit sich, um die wunderbar ungleichartigen Gestalten, die in unserm Innern wühlen und durcheinander treiben, zu besänftigen und zu beruhigen. Und alle Jünglinge, die wir um und neben uns sehen, teilen ja mit uns dieses Schicksal. Alle ihre Schritte und Bewegungen scheinen nur die Wirkung eines unfühlbaren aber gewaltigen Stoßes zu sein, der sie unwiderstehlich mit sich fortreißt. Sie erscheinen mir wie Kometen, die in regellosen Kreisen das Weltall durchschweifen, bis sie endlich eine Bahn und ein Gesetz der Bewegung finden.

Bis dahin, mein Freund, wollen wir uns also aufs Warten und Hoffen legen, und nur wenigstens uns das zu erhalten streben, was schon jetzt in unsrer Seele Gutes und Schönes liegt. Besonders und aus mehr als dieser Rücksicht wird es gut für uns, und besonders für Sie sein, wenn wir die Hoffnung zu unsrer Göttin wählen, weil es scheint als ob uns der Genuß flieht.

Denn eine von beiden Göttinnen, Lieber, lächelt dem Menschen doch immer zu, dem Frohen der Genuß, dem Traurigen die Hoffnung. Auch scheint es, als ob die Summe der glücklichen und der unglücklichen Zufälle im ganzen für jeden Menschen gleich bleibe; wer denkt bei dieser Betrachtung nicht an jenen Tyrann von Syrakus, *Polykrates*, den das Glück bei allen seinen Bewegungen begleitete, den nie ein Wunsch, nie eine Hoffnung betrog, dem der Zufall sogar den Ring wiedergab, den er, um dem Unglück ein freiwilliges Opfer zu bringen, ins Meer geworfen hatte. So hatte die Schale seines Glücks sich tief gesenkt; aber das Schicksal setzte es dafür auch mit einem Schlage wieder ins Gleichgewicht und ließ ihn am Galgen sterben. – Oft verpraßt indes ein Jüngling in ein paar Jugendjahren den Glücksvorrat seines ganzen Lebens, und darbt dann im Alter; und da Ihre Jugendjahre, mehr noch als die meinigen, so freudenleer verflossen sind, ob Sie gleich eine tiefgefühlte Sehnsucht nach Freude in sich tragen, so nähren und stärken Sie die

Hoffnung auf schönere Zeiten, denn ich getraue mich, mit einiger, ja mit großer Gewißheit Ihnen eine frohe und freudenreiche Zukunft vorher zu kündigen. Denken Sie nur, mein Freund, an unsre schönen und herrlichen Pläne, an unsre Reisen. Wie vielen Genuß bieten sie uns dar, selbst den reichsten in den scheinbar ungünstigsten Zufällen, wenigstens doch *nach* ihnen, durch die Erinnerung. Oder blicken Sie über die Vollendung unsrer Reisen hin, und *sehen Sie sich an,* den an Kenntnissen bereicherten, an Herz und Geist durch Erfahrung und Tätigkeit gebildeten Mann. Denn Bildung muß der Zweck unsrer Reise sein und wir müssen ihn erreichen, oder der Entwurf ist so unsinnig wie die Ausführung ungeschickt.

Dann, mein Freund, wird die Erde unser Vaterland, und alle Menschen unsre Landsleute sein. Wir werden uns stellen und wenden können wohin wir wollen, und immer glücklich sein. Ja wir werden unser Glück zum Teil in der Gründung des Glücks anderer finden, und andere bilden, wie wir bisher selbst gebildet worden sind.

Wie viele Freuden gewährt nicht schon allein die wahre und richtige Wertschätzung der Dinge. Wie oft gründet sich das Unglück eines Menschen bloß darin, daß er den Dingen unmögliche Wirkungen zuschrieb, oder aus Verhältnissen falsche Resultate zog, und sich darinnen in seinen Erwartungen betrog. Wir werden uns seltner irren, mein Freund, wir durchschauen dann die Geheimnisse der physischen wie der moralischen Welt, bis dahin, versteht sich, wo der ewige Schleier über sie waltet, und was wir bei dem Scharfblick unsres Geistes von der Natur erwarten, das leistet sie gewiß. Ja es ist im richtigen Sinne sogar möglich, das Schicksal selbst zu leiten, und wenn uns dann auch das große allgewaltige Rad einmal mit sich fortreißt, so verlieren wir doch nie das Gefühl unsrer selbst, nie das Bewußtsein unseres Wertes. Selbst auf diesem Wege kann der Weise, wie jener Dichter sagt, *Honig aus jeder Blume saugen.* Er kennt den großen Kreislauf der Dinge, und freut sich daher der Vernichtung wie dem Segen, weil er weiß, daß in ihr wieder der Keim zu neuen und schöneren Bildungen liegt.

Und nun, mein Freund, noch ein paar Worte über ein Übel, welches ich mit Mißvergnügen als Keim in Ihrer Seele zu entdecken glaube. Ohne, wie es scheint, gegründete, vielleicht Ihnen selbst unerklärbare Ursachen, ohne besonders üble Erfahrungen, ja vielleicht selbst ohne die Bekanntschaft eines einzigen durchaus bösen Menschen, scheint es, als ob Sie die Menschen hassen und scheuen.

Lieber, in Ihrem Alter ist das besonders übel, weil es die Verknüpfung mit Menschen und die Unterstützung derselben noch so sehr nötig macht. Ich glaube nicht, mein Freund, daß diese Empfindung als Grundzug in Ihrer Seele liegt, weil sie die Hoffnung zu Ihrer vollkommnen Ausbildung, zu welcher Ihre übrigen Anlagen doch berechtigen, zerstören und Ihren Charakter unfehlbar entstellen würde. Daher glaube ich eher und Heber, worauf auch besonders Ihre Äußerungen hinzudeuten scheinen, daß es eine von jenen fremdartigen Empfindungen ist, die eigentlich keiner menschlichen Seele und besonders der Ihrigen nicht, eigentümlich sein sollte, und die Sie, von irgend einem Geiste der Sonderbarkeit und des Widerspruchs getrieben, und von einem an Ihnen unverkennbaren Trieb der Auszeichnung verführt, nur durch Kunst und Bemühung in Ihrer Seele verpflanzt haben.

Verpflanzungen, mein Freund, sind schon im allgemeinen Sinne nicht gut, weil sie immer die Schönheit des Einzelnen und die Ordnung des Ganzen stören. Südfrüchte in Nordländern zu verpflanzen, – das mag noch hingehen, der unfruchtbare Himmelsstrich mag die unglücklichen Bewohner und ihren Eingriff in die Ordnung der Dinge rechtfertigen; aber die kraft- und saftlosen verkrüppelten Erzeugnisse des Nordens in dem üppigsten südlichen Himmelstrich zu verpflanzen, – Lieber, es dringt sich nur gleich die Frage auf, *wozu?* Also der mögliche Nutzen kann es nur rechtfertigen.

Was ich aber auch denke und sinne, mein Freund, nicht ein einziger Nutzen tritt vor meine Seele, wohl aber Heere von Übeln.

Ich weiß es und Sie haben es mir ja oft mitgeteilt, Sie fühlen in sich einen lebhaften Tätigkeitstrieb, Sie wünschen einst viel und im großen zu wirken. Das ist schön, mein Freund, und Ihres Geistes würdig, auch Ihr Wirkungskreis wird sich finden, und die relativen Begriffe von *groß* und *klein* wird die Zeit feststellen.

Aber ich stoße hier gleich auf einen gewaltigen Widerspruch, den ich nicht anders zu Ihrer Ehre auflösen kann, als wenn ich die Empfindung des Menschenhasses geradezu aus Ihrer Seele wegstreiche. Denn wenn Sie wirken und schaffen wollen, wenn Sie Ihre Existenz für die Existenz andrer aufopfern und so Ihr Dasein gleichsam vertausendfachen wollen, Lieber, wenn Sie nur für andre sammeln, wenn Sie Kräfte, Zeit und Leben, nur für andre aufopfern wollen, – wem können Sie wohl dieses kostbare Opfer bringen, als dem, was Ihrem Herzen am teuersten ist, und am nächsten hegt?

Ja, mein Freund, Tätigkeit verlangt ein Opfer, ein Opfer verlangt Liebe, und so muß sich die Tätigkeit auf wahre innige Menschenliebe gründen, sie müßte denn eigennützig sein, und nur für sich selbst schaffen wollen.

Ich möchte hier schließen, mein Freund, denn das, was ich Ihnen zur Bekämpfung des Menschenhasses, wenn Sie wirklich so unglücklich wären ihn in Ihrer Brust zu verschließen, sagen könnte, wird mir durch die Vorstellung dieser häßlichen abscheulichen Empfindung, so widrig, daß es mein ganzes Wesen empört. Menschenhaß! Ein Haß über ein ganzes Menschengeschlecht! O Gott! Ist es möglich, daß ein Menschenherz weit genug für so viel Haß ist!

Und gibt es denn nichts Liebenswürdiges unter den Menschen mehr? Und gibt es keine Tugenden mehr unter ihnen, keine Gerechtigkeit, keine Wohltätigkeit, keine Bescheidenheit im Glücke, keine Größe und Standhaftigkeit im Unglück? Gibt es denn keine redlichen Väter, keine zärtlichen Mütter, keine frommen Töchter mehr? Rührt Sie denn der Anblick eines frommen Dulders, eines geheimen Wohltäters nicht? Nicht der Anblick einer schönen leidenden Unschuld? Nicht der Anblick einer triumphierenden Unschuld? Ach und wenn sich auch im ganzen Umkreis der Erde nur ein einziger Tugendhafter fände, dieser einzige wiegt ja eine ganze Hölle von Bösewichtern auf, um dieses einzigen willen – kann man ja *die ganze Menschheit* nicht hassen. Nein, lieber Freund, es stellt sich in unsrer gemeinen Lebensweise nur die Außenseite der Dinge dar, nur starke und heftige Wirkungen fesseln unsern Blick, die mäßigen entschlüpfen ihm in dem Tumult der Dinge. Wie mancher Vater darbt und sorgt für den Wohlstand seiner Kinder, wie manche Tochter betet und arbeitet für die armen und kranken Eltern, wie manches Opfer erzeugt und vollendet sich im Stillen, wie manche wohltätige Hand waltet im Dunkeln. Aber das Gute und Edle gibt nur sanfte

Eindrücke, und doch liebt der Mensch die heftigen, er gefällt sich in der Bewunderung und Entzückung, und das Große und Ungeheure ist es eben, worin die Menschen nicht stark sind. Und wenn es doch nur gerade das Große und Ungeheure ist, nach dessen Eindrücken Sie sich am meisten sehnen, nun, mein Freund, auch für diese Genüsse läßt sich sorgen, auch dazu findet sich Stoff in dem Umkreis der Dinge. Ich rate Ihnen daher nochmals die Geschichte an, nicht als Studium, sondern als Lektüre. Vielleicht ist die große Überschwemmung von Romanen, die, nach Ihrer eignen Mitteilung, auch Ihre Phantasie einst unter Wasser gesetzt hat (verzeihn Sie mir diesen unedlen Ausdruck), aber vielleicht ist diese zu häufige Lektüre an der Empfindung des Menschenhasses schuld, die so ungleichartig und fremd neben Ihren andern Empfindungen steht. Ein gutes leichtsinniges Herz hebt sich so gern in diese erdichteten Welten empor, der Anblick so vollkommner Ideale entzückt es, und fliegt dann einmal ein Blick über das Buch hinweg, so verschwindet die Zauberin, die magere Wirklichkeit umgibt es, und statt seiner Ideale grinset ihn ein Alltagsgesicht an. Wir beschäftigen uns dann mit Plänen zur Realisierung dieser Träumereien, und oft um so inniger, je weniger wir durch Handel und Wandel selbst dazu beitragen, wir finden dann die Menschen zu ungeschickt für unsern Sinn, und so erzeugt sich die erste Empfindung der Gleichgültigkeit und Verachtung gegen sie.

Aber wie ganz anders ist es mit der Geschichte, mein Freund! Sie ist die getreue Darstellung dessen, was sich zu allen Zeiten unter den Menschen zugetragen hat. Da hat keiner etwas hinzugesetzt, keiner etwas weggelassen, es finden sich keine phantastische Ideale, keine Dichtung, nichts als wahre trockne Geschichte. Und dennoch, mein Freund, finden sich darin schöne herrliche Charaktergemälde großer erhabner Menschen, Menschen wie Sokrates und Christus, deren ganzer Lebenslauf Tugend war, Taten, wie des Leonidas, des Regulus, und alle die unzähligen griechischen und römischen, die alles, was die Phantasie möglicherweise nur erdichten kann, erreichen und übertreffen. Und da, mein Freund, können wir wahrhaft sehn, auf welche Höhe der Mensch sich stellen, wie nah er an die Gottheit treten kann! Das darf und soll Sie mit Bewunderung und Entzückung füllen, aber, mein Freund, es soll Sie aber auch mit Liebe für das Geschlecht erfüllen, dessen Stolz sie waren, mit Liebe zu der großen Gattung, zu der sie gehören, und deren Wert sie durch ihre Erscheinung so unendlich erhöht und veredelt haben.

Vielleicht sehn Sie sich um in diesem Augenblick unter den Völkern der Erde, und suchen und vermissen einen Sokrates, Christus, Leonidas, Regulus etc. Irren Sie sich nicht, mein Freund! Alle diese Männer waren große, seltne Menschen, aber daß wir das wissen, daß sie so berühmt geworden sind, haben sie dem Zufall zu danken, der ihre Verhältnisse so glücklich stellte, daß die Schönheit ihres Wesens wie eine Sonne daraus hervorstieg.

Ohne den *Melitus* und ohne den *Herodes* würde *Sokrates* und *Christus* uns vielleicht unbekannt geblieben, und doch nicht minder groß und erhaben gewesen sein. Wenn sich Ihnen also in diesem Zeitpunkt kein so bewundrungswürdiges Wesen ankündigt, – mein Freund, ich wünsche nur, daß Sie nicht etwa denken mögen, die Menschen seien von ihrer Höhe herabgesunken, vielmehr es scheint ein Gesetz über die Menschheit zu walten, daß sie sich im allgemeinen zu allen Zeiten gleich bleibt, wie oft auch immer die Völker mit Gestalt und Form wechseln mögen.

Aus allen diesen Gründen, mein teurer Freund, verscheuchen Sie, wenn er wirklich in Ihrem Busen wohnt, den häßlich unglückseligen und, wie ich Sie überzeugt habe, selbst ungegründeten Haß der Menschen. Liebe und Wohlwollen müssen nur den Platz darin einnehmen. Ach es ist ja so öde und traurig zu hassen und zu fürchten, und es ist so süß und so freudig zu lieben und zu trauen. Ja, wahrlich, mein Freund, es ist ohne Menschenliebe gewiß kein Glück möglich, und ein so liebloses Wesen wie ein Menschenfeind ist auch keines wahren Glückes wert.

Und dann noch eines, Lieber, ist denn auch ohne Menschenliebe jene Bildung möglich, der wir mit allen unsern Kräften entgegenstreben? Alle Tugenden beziehn sich ja auf die Menschen, und sie sind nur Tugenden insofern sie ihnen nützlich sind. Großmut, Bescheidenheit, Wohltätigkeit, bei allen diesen Tugenden fragt es sich, gegen wen? und für wen? und wozu? Und immer dringt sich die Antwort auf, für die Menschen, und zu ihrem Nutzen.

Besonders dienlich wird unsre entworfne Reise sein, um Ihnen die Menschen gewiß von einer recht liebenswürdigen Seite zu zeigen. Tausend wohltätige Einflüsse erwarte und hoffe ich von ihr, aber besonders nur für Sie den ebenbenannten. Die Art unsrer Reise verschafft uns ein glückliches Verhältnis mit den Menschen. Sie erfüllen nur nicht gern, was man laut von ihnen verlangt, aber leisten desto lieber was man schweigend von sie hofft.

Schon auf unsrer kleinen Harzwanderung haben wir häufig diese frohe Erfahrung gemacht. Wie oft, wenn wir ermüdet und erschöpft von der Reise in ein Haus traten, und den Nächsten um einen Trunk Wasser baten, wie oft reichten die ehrlichen Leute uns Bier oder Milch und weigerten sich Bezahlung anzunehmen. Oder sie ließen freiwillig Arbeit und Geschäft im Stiche, um uns Verirrte oft auf entfernte rechte Wege zu führen. Solche stillen Wünsche werden oft empfunden, und ohne Geräusch und Anspruch erfüllt, und mit Händedrücken bezahlt, weil die geselligen Tugenden gerade diejenigen sind, deren jeder in Zeit der Not bedarf. Aber freilich, große Opfer darf und soll man auch nicht verlangen.

Über die Aufklärung des Weibes

Für Wilhelmine von Zenge

den 16. September 1800 zu Würzburg

Alle echte Aufklärung des Weibes besteht am Ende wohl nur darin, meine liebe Freundin: *über die Bestimmung seines* irdischen Lebens vernünftig nachdenken zu können.

Über die Bestimmung unseres *ewigen* Daseins nachzudenken, auszuforschen, ob der Genuß der Glückseligkeit (wie *Epikur* meinte) oder die Erreichung der Vollkommenheit (wie *Leibniz* glaubte) oder die Erfüllung der trocknen Pflicht (wie *Kant* versichert) der letzte Zweck des Menschen sei, das, liebe Freundin, ist selbst für Männer unfruchtbar und oft verderblich. Solche Männer begehen die Unart, die ich beging, als ich mich im Geiste von Frankfurt nach Stralsund, und von Stralsund wieder im Geiste nach Frankfurt versetzte. Sie leben in der Zukunft, und vergessen darüber, was die Gegenwart von ihnen fordert.

Urteile selbst, wie können wir beschränkte Wesen, die wir von der Ewigkeit nur ein so unendlich kleines Stück, unser spannenlanges Erdenleben übersehen, wie können wir uns getrauen, den Plan, den die Natur für die Ewigkeit entwarf, zu ergründen? Und wenn dies nicht möglich ist, wie kann irgend eine gerechte Gottheit von uns verlangen, in diesen ihren ewigen Plan einzugreifen, von uns, die wir nicht einmal imstande sind, ihn zu denken?

Aber die Bestimmung unseres *irdischen* Daseins, die können wir allerdings unzweifelhaft herausfinden, und diese zu erfüllen, das kann daher die Gottheit auch wohl mit Recht von uns fordern.

Es ist möglich, liebe Freundin, daß mir Deine Religion hierin widerspricht und daß sie Dir gebietet, auch etwas für Dein künftiges Leben zu tun. Du wirst gewiß Gründe für Deinen Glauben haben, so wie ich Gründe für den meinigen; und so fürchte ich nicht, daß diese kleine Religionszwistigkeit unsrer Liebe eben großen Abbruch tun wird. Wo nur die Vernunft herrschend ist, da vertragen sich auch die Meinungen leicht; und da die Religionstoleranz schon eine Tugend ganzer Völker geworden ist, so wird es, denke ich, der

Duldung nicht sehr schwer werden, in zwei liebenden Herzen zu herrschen.

Wenn Du Dich also durch die Einflüsse Deiner früheren Erziehung gedrungen fühltest, durch die Beobachtung religiöser Zeremonieen auch etwas für Dein ewiges Leben zu tun, so würde ich weiter nichts als Dich warnen, ja nicht darüber Dein irdisches Leben zu vernachlässigen.

Denn nur gar zu leicht glaubt man, man habe *alles* getan, wenn man die ernsten Gebräuche der Religion beobachtet, wenn man fleißig in die Kirche geht, täglich betet, und jährlich zweimal das Abendmahl nimmt.

Und doch sind dies alles nur *Zeichen* eines Gefühls, das auch ganz anders sich ausdrücken kann. Denn mit demselben Gefühle, mit welchem Du bei dem Abendmahle das Brot nimmst aus der Hand des Priesters, mit demselben Gefühle, sage ich, erwürgt der Mexikaner seinen Bruder vor dem Altare seines Götzen.

Ich will Dich dadurch nur aufmerksam machen, daß alle diese religiösen Gebräuche nichts sind, als *menschliche* Vorschriften, die zu allen Zeiten verschieden waren und noch in diesem Augenblicke an allen Orten der Erde verschieden sind. *Darin* kann also das Wesen der Religion nicht liegen, weil es ja sonst höchst schwankend und ungewiß wäre. Wer steht uns dafür, daß nicht in kurzem ein zweiter *Luther* unter uns aufsteht, und umwirft, was jener baute. Aber in uns flammt eine Vorschrift – und die muß göttlich sein, weil sie ewig und allgemein ist; sie heißt: *erfülle Deine Pflicht*; und dieser Satz enthält die Lehren aller Religionen.

Alle anderen Sätze folgen aus diesem und sind in ihm gegründet, oder sie sind nicht darin begriffen, und dann sind sie unfruchtbar und unnütz.

Daß ein Gott sei, daß es ein ewiges Leben, einen Lohn für die Tugend, eine Strafe für das Laster gebe, das alles sind Sätze, die in jenem nicht gegründet sind, und die wir also entbehren können. Denn gewiß sollen wir sie nach dem Willen der Gottheit selbst entbehren können, weil sie es uns selbst unmöglich gemacht hat, es einzusehen und zu begreifen. Würdest Du nicht mehr tun, was recht ist, wenn der Gedanke an Gott und Unsterblichkeit nur ein Traum wäre? Ich nicht.

Daher *bedarf* ich zwar zu meiner Rechtschaffenheit dieser Sätze nicht; aber zuweilen, *wenn ich meine Pflicht erfüllt habe*, erlaube ich mir, mit stiller Hoffnung an einen Gott zu denken, der mich sieht, und an eine frohe Ewigkeit, die meiner wartet; denn zu beiden fühle ich mich doch mit meinem Glauben hingezogen, den mein Herz mir ganz zusichert und mein Verstand mehr bestätigt, als widerspricht.

Aber dieser Glaube sei irrig, oder nicht, – gleichviel! Es warte auf mich eine Zukunft, oder nicht – gleichviel! Ich erfülle für dieses Leben meine Pflicht, und wenn Du mich fragst: *warum?* so ist die Antwort leicht: eben *weil* es meine Pflicht ist.

Ich schränke mich daher mit meiner Tätigkeit ganz für dieses Erdenleben ein. Ich will mich nicht um meine Bestimmung nach dem Tode kümmern, aus Furcht darüber meine Bestimmung für dieses Leben zu vernachlässigen. Ich fürchte nicht die Höllenstrafe der Zukunft, weil ich mein eignes Gewissen fürchte, und rechne nicht auf einen Lohn jenseits des Grabes, weil ich ihn mir diesseits desselben schon erwerben kann.

Dabei bin ich überzeugt, gewiß in den großen ewigen Plan der Natur einzugreifen, wenn ich nur den Platz ganz erfülle, auf den sie mich in dieser Erde setzte. Nicht umsonst hat sie mir diesen gegenwärtigen Wirkungskreis angewiesen, und gesetzt ich verträumte diesen und forschte dem *zukünftigen* nach – ist denn nicht die *Zukunft* eine *kommende Gegenwart*, und soll ich denn auch diese Gegenwart wieder verträumen?

Doch ich kehre zu meinem Gegenstande zurück. Ich habe Dir diese Gedanken bloß zur Prüfung vorgelegt. Ich fühle mich ruhiger und sicherer, wenn ich den Gedanken an die dunkle Bestimmung der Zukunft ganz von mir entferne, und mich allein an die gewisse und deutliche Bestimmung für dieses Erdenleben halte.

Ich will Dir nun meinen ersten Hauptgedanken erklären. *Bestimmung unseres irdischen Lebens* heißt Zweck desselben, oder die Absicht, zu welcher uns Gott auf diese Erde gesetzt hat. *Vernünftig darüber nachdenken* heißt nicht nur diesen Zweck selbst deutlich kennen, sondern auch in allen Verhältnissen unseres Lebens immer die zweckmäßigsten Mittel zu seiner Erreichung herausfinden.

Das, sagte ich, wäre die ganze wahre Aufklärung des Weibes und die einzige Philosophie, die ihr ansteht.

Deine Bestimmung, liebe Freundin, oder überhaupt die Bestimmung des Weibes ist wohl unzweifelhaft und unverkennbar; denn welche andere kann es sein, als diese, *Mutter zu werden, und der Erde tugendhafte Menschen zu erziehen?*

Und wohl euch, daß eure Bestimmung so einfach und beschränkt ist! Durch euch will die Natur nur ihre Zwecke erreichen, durch uns Männer auch der Staat noch die seinigen, und daraus entwickeln sich oft die unseligsten Widersprüche.

(In der Folge mehr.)

Über die allmähliche Verfertigung der Gedanken beim Reden

An R[ühle] v[on] L[ilienstern]

Wenn du etwas wissen willst und es durch Meditation nicht finden kannst, so rate ich dir, mein lieber, sinnreicher Freund, mit dem nächsten Bekannten, der dir aufstößt, darüber zu sprechen. Es braucht nicht eben ein scharfdenkender Kopf zu sein, auch meine ich es nicht so, als ob du ihn darum befragen solltest: nein! Vielmehr sollst du es ihm selber allererst erzählen. Ich sehe dich zwar große Augen machen, und mir antworten, man habe dir in frühem Jahren den Rat gegeben, von nichts zu sprechen, als nur von Dingen, die du bereits verstehst. Damals aber sprachst du wahrscheinlich mit dem Vorwitz, *andere*, ich will, daß du aus der verständigen Absicht sprechest, *dich* zu belehren, und so könnten, für verschiedene Fälle verschieden, beide Klugheitsregeln vielleicht gut neben einander bestehen. Der Franzose sagt, l'appétit vient en mangeant, und dieser Erfahrungssatz bleibt wahr, wenn man ihn parodiert, und sagt, l'idée vient en parlant. Oft sitze ich an meinem Geschäftstisch über den Akten, und erforsche, in einer verwickelten Streitsache, den Gesichtspunkt, aus welchem sie wohl zu beurteilen sein möchte. Ich pflege dann gewöhnlich ins Licht zu sehen, als in den hellsten Punkt, bei dem Bestreben, in welchem mein innerstes Wesen begriffen ist, sich aufzuklären. Oder ich suche, wenn mir eine algebraische Aufgabe vorkommt, den ersten Ansatz, die Gleichung, die die gegebenen Verhältnisse ausdrückt, und aus welcher sich die Auflösung nachher durch Rechnung leicht ergibt. Und siehe da, wenn ich mit meiner Schwester davon rede, welche hinter mir sitzt, und arbeitet, so erfahre ich, was ich durch ein vielleicht stundenlanges Brüten nicht herausgebracht haben würde. Nicht, als ob sie es mir, im eigentlichen Sinne *sagte*; denn sie kennt weder das Gesetzbuch, noch hat sie den Euler, oder den Kästner studiert. Auch nicht, als ob sie mich durch geschickte Fragen auf den Punkt hinführte, auf welchen es ankommt, wenn schon dies letzte häufig der Fall sein mag. Aber weil ich doch irgend eine dunkle Vorstellung habe, die mit dem, was ich suche, von fern her in einiger Verbindung steht, so prägt, wenn ich nur dreist damit den Anfang mache, das Gemüt, während die Rede fortschreitet, in der Notwendigkeit, dem Anfang nun auch ein Ende zu finden, jene verworrene Vorstellung zur völligen Deutlichkeit aus, dergestalt, daß die Erkenntnis, zu meinem Erstaunen, mit der Periode fertig ist. Ich mische unartikulierte Töne ein, ziehe die Verbindungswörter in die Länge, gebrauche auch wohl eine Apposition, wo sie nicht nötig wäre, und bediene mich anderer, die Rede ausdehnender, Kunstgriffe, zur Fabrikation meiner Idee auf der Werkstätte der Vernunft, die gehörige Zeit zu gewinnen. Dabei ist mir nichts heilsamer, als eine Bewegung meiner Schwester, als ob sie mich unterbrechen wollte; denn mein ohnehin schon angestrengtes Gemüt wird durch diesen Versuch von außen, ihm die Rede, in deren Besitz es sich befindet, zu entreißen, nur noch mehr erregt, und in seiner Fähigkeit, wie ein großer General, wenn die Umstände drängen, noch um einen Grad höher gespannt. In diesem Sinne begreife ich, von welchem Nutzen Molière seine Magd sein konnte; denn wenn er derselben, wie er vorgibt, ein Urteil zutraute, das das seinige berichten konnte, so ist dies eine Bescheidenheit, an deren Dasein in seiner Brust ich nicht glaube. Es liegt ein sonderbarer Quell der Begeisterung für denjenigen, der spricht, in einem menschlichen Antlitz, das ihm gegenübersteht; und ein Blick, der uns einen halbausgedrückten Gedanken schon als begriffen ankündigt, schenkt uns oft den Ausdruck für die ganze andere Hälfte desselben. Ich glaube, daß mancher große Redner, in dem Augenblick, da er den Mund aufmachte, noch nicht wußte, was er sagen würde. Aber die Überzeugung, daß er die ihm nötige Gedankenfülle schon aus den Umständen, und der daraus resultierenden Erregung seines Gemüts schöpfen würde, machte ihn dreist genug, den Anfang, auf gutes Glück hin, zu setzen. Mir fällt jener »Donnerkeil« des Mirabeau ein, mit welchem er den Zeremonienmeister abfertigte, der nach Aufhebung der letzten monarchischen Sitzung des Königs am 23. Juni, in welcher dieser den Ständen auseinander zu gehen anbefohlen hatte, in den Sitzungssaal, in welchem die Stände noch verweilten, zurückkehrte, und sie befragte, ob sie den Befehl des Königs vernommen hätten! »Ja«, antwortete Mirabeau, »wir haben des Königs Befehl vernommen« – ich bin gewiß, daß er bei diesem humanen Anfang, noch nicht an die Bajonette dachte, mit welchen er schloß: »ja, mein Herr«, wiederholte er, »wir haben ihn vernommen« – man sieht, daß er noch gar nicht recht weiß, was er will. »Doch was berechtigt Sie« – fuhr er fort, und nun plötzlich geht ihm ein Quell ungeheurer Vorstellungen auf – »uns hier Befehle anzudeuten? Wir sind die Repräsentanten der Nation.« – Das war es was er brauchte! »Die Nation gibt Befehle und empfängt keine.« – um sich gleich auf den Gipfel der Vermessenheit zu schwingen. »Und damit ich mich Ihnen ganz deutlich erkläre« – und erst jetzo findet er, was den ganzen Widerstand, zu welchem seine Seele gerüstet dasteht, ausdrückt: »so sagen Sie Ihrem Könige, daß wir unsre Plätze anders nicht, als auf die Gewalt der Bajonette verlassen werden.« – Worauf er sich, selbstzufrieden, auf einen Stuhl niedersetzte. – Wenn man an den Zeremonienmeister denkt, so kann man sich ihn bei diesem Auftritt nicht anders, als in einem völligen Geistesbankerott vorstellen; nach einem ähnlichen Gesetz, nach welchem in einem Körper, der von dem elektrischen Zustand Null ist, wenn er in eines elektrisierten Körpers Atmosphäre kommt, plötzlich die entgegengesetzte Elektrizität erweckt wird. Und wie in dem elektrisierten dadurch, nach einer Wechselwirkung, der ihm inwohnende Elektrizitätsgrad wieder verstärkt wird, so ging unseres Redners Mut, bei der Vernichtung seines Gegners zur verwegensten Begeisterung über. Vielleicht, daß es auf diese Art zuletzt das Zucken einer Oberlippe war, oder ein zweideutiges Spiel an der Manschette, was in Frankreich den Umsturz der Ordnung der Dinge bewirkte. Man liest, daß Mirabeau, sobald der Zeremonienmeister sich entfernt hatte, aufstand, und vorschlug: 1) sich sogleich als Nationalversammlung, und 2) als unverletzlich, zu konstituieren. Denn dadurch, daß er sich, einer Kleistischen Flasche gleich, entladen hatte, war er nun wieder neutral geworden, und gab, von der Verwegenheit zurückgekehrt, plötzlich der Furcht vor dem Chatelet, und der Vorsicht, Raum. – Dies ist eine merkwürdige Übereinstimmung zwischen den Erscheinungen der physischen und moralischen Welt, welche sich, wenn man sie verfolgen wollte, auch noch in den Nebenumständen bewähren würde. Doch ich verlasse mein Gleichnis, und kehre zur Sache zurück. Auch Lafontaine gibt, in seiner Fabel: Les animaux malades de la peste, wo der Fuchs dem Löwen eine Apologie zu halten gezwungen ist, ohne zu wissen, wo er den Stoff dazu hernehmen soll, ein merkwürdiges Beispiel von einer allmählichen Verfertigung des Gedankens aus einem in der Not hingesetzten Anfang. Man kennt diese Fabel. Die Pest herrscht im Tierreich, der Löwe versammelt die Großen desselben, und eröffnet ihnen, daß dem Himmel, wenn er besänftigt werden solle, ein Opfer fallen müsse. Viele Sünder seien im Volke, der Tod des größesten müsse die übrigen vom Untergang retten. Sie möchten ihm daher ihre Vergehungen aufrichtig bekennen. Er, für sein Teil gestehe, daß er, im Drange des Hungers, manchem Schafe den Garaus gemacht; auch dem Hunde, wenn er ihm zu nahe gekommen; ja, es sei ihm in leckerhaften Augenblicken zugestoßen, daß er den Schäfer gefressen. Wenn niemand sich größerer Schwachheiten schuldig gemacht habe, so sei er bereit zu sterben. »Sire«, sagt der Fuchs, der das Ungewitter von sich ableiten will, »Sie sind zu großmütig. Ihr edler Eifer führt Sie zu weit. Was ist es, ein Schaf erwürgen; Oder einen Hund, diese nichtswürdige Bestie? Und: quant au berger«, fährt er fort, denn dies ist der Hauptpunkt: »on peut dire«, obschon er noch nicht weiß was? »qu'il méritoit tout mal«, auf gut Glück; und somit ist er verwickelt; »étant«, eine schlechte Phrase, die ihm aber Zeit verschafft: »de ces gens là«, und nun erst findet er den Gedanken, der ihn aus der Not reißt: »qui sur les animaux se font un chimérique empire.« – Und jetzt beweist er, daß der Esel, der blutdürstige! (der alle Kräuter auffrißt) das zweckmäßigste Opfer sei, worauf alle über ihn herfallen, und ihn zerreißen. – Ein solches Reden ist ein wahrhaftes lautes Denken. Die Reihen der Vorstellungen und ihrer Bezeichnungen gehen neben einander fort, und die Gemütsakten für eins und das andere, kongruieren. Die Sprache ist alsdann keine Fessel, etwa wie ein Hemmschuh an dem Rade des Geistes, sondern wie ein zweites, mit ihm parallel fortlaufendes, Rad an seiner Achse. Etwas ganz anderes ist es wenn der Geist schon, vor aller Rede, mit dem Gedanken fertig ist. Denn dann muß er bei seiner bloßen Ausdrückung zurückbleiben, und dies Geschäft, weit entfernt ihn zu erregen, hat vielmehr keine andere Wirkung, als ihn von seiner Erregung abzuspannen. Wenn daher eine Vorstellung verworren ausgedrückt wird, so folgt der Schluß noch gar nicht, daß sie auch verworren gedacht worden sei; vielmehr könnte es leicht sein, daß die verworrenst ausgedrückten grade am deutlichsten gedacht werden. Man sieht oft in einer Gesellschaft, wo durch ein lebhaftes Gespräch, eine kontinuierliche Befruchtung der Gemüter mit Ideen im Werk ist, Leute, die sich, weil sie sich der Sprache nicht mächtig fühlen, sonst in der Regel zurückgezogen halten, plötzlich mit einer zuckenden Bewegung, aufflammen, die Sprache an sich reißen und etwas Unverständliches zur Welt bringen. Ja, sie scheinen, wenn sie nun die Aufmerksamkeit aller auf sich gezogen haben, durch ein verlegnes Gebärdenspiel anzudeuten, daß sie selbst nicht mehr recht wissen, was sie haben sagen wollen. Es ist wahrscheinlich, daß diese Leute etwas recht Treffendes, und sehr deutlich, gedacht haben. Aber der plötzliche Geschäftswechsel, der Übergang ihres Geistes vom Denken zum Ausdrücken, schlug die ganze Erregung desselben, die zur Festhaltung des Gedankens notwendig, wie zum Hervorbringen erforderlich war, wieder nieder. In solchen Fällen ist es um so unerläßlicher, daß uns die Sprache mit Leichtigkeit zur Hand sei, um dasjenige, was wir gleichzeitig gedacht haben, und doch nicht gleichzeitig von uns geben können, wenigstens so schnell, als möglich, aufeinander folgen zulassen. Und überhaupt wird jeder, der, bei gleicher Deutlichkeit, geschwinder als sein Gegner spricht, einen Vorteil über ihn haben, weil er gleichsam mehr Truppen als er ins Feld führt. Wie notwendig eine gewisse Erregung des Gemüts ist, auch selbst nur, um Vorstellungen, die wir schon gehabt haben, wieder zu erzeugen, sieht man oft, wenn offene, und unterrichtete Köpfe examiniert werden, und man ihnen ohne vorhergegangene Einleitung, Fragen vorlegt, wie diese: was ist der Staat? Oder: was ist das Eigentum? Oder dergleichen. Wenn diese jungen Leute sich in einer Gesellschaft befunden hätten, wo man sich vom Staat, oder vom Eigentum, schon eine Zeitlang unterhalten hätte, so würden sie vielleicht mit Leichtigkeit durch Vergleichung, Absonderung, und Zusammenfassung der Begriffe, die Definition gefunden haben. Hier aber, wo diese Vorbereitung des Gemüts gänzlich fehlt, sieht man sie stocken, und nur ein unverständiger Examinator wird daraus schließen daß sie nicht *wissen*. Denn nicht *wir* wissen, es ist allererst ein gewisser *Zustand* unsrer, welcher weiß. Nur ganz gemeine Geister, Leute, die, was der Staat sei, gestern auswendig gelernt, und morgen schon wieder vergessen haben, werden hier mit der Antwort bei der Hand sein. Vielleicht gibt es überhaupt keine schlechtere Gelegenheit, sich von einer vorteilhaften Seite zu zeigen, als grade ein öffentliches Examen. Abgerechnet, daß es schon widerwärtig und das Zartgefühl verletzend ist, und daß es reizt, sich stetig zu zeigen, wenn solch ein gelehrter Roßkamm uns nach den Kenntnissen sieht, um uns, je nachdem es fünf oder sechs sind, zu kaufen oder wieder abtreten zu lassen: es ist so schwer, auf ein menschliches Gemüt zu spielen und ihm seinen eigentümlichen Laut abzulocken, es verstimmt sich so leicht unter ungeschickten

Händen, daß selbst der geübteste Menschenkenner, der in der Hebeammenkunst der Gedanken, wie Kant sie nennt, auf das Meisterhafteste bewandert wäre, hier noch, wegen der Unbekanntschaft mit seinem Sechswöchner, Mißgriffe tun könnte. «Was übrigens solchen jungen Leuten, auch selbst den unwissendsten noch, in den meisten Fällen ein gutes Zeugnis verschafft, ist der Umstand, daß die Gemüter der Examinatoren, wenn die Prüfung öffentlich geschieht, selbst zu sehr befangen sind, um ein freies Urteilfällen zu können. Denn nicht nur fühlen sie häufig die Unanständigkeit dieses ganzen Verfahrens: man würde sich schon schämen, von jemandem, daß er seine Geldbörse vor uns ausschütte, zu fordern, viel weniger, seine Seele: sondern ihr eigener Verstand muß hier eine gefährliche Musterung passieren, und sie mögen oft ihrem Gott danken, wenn sie selbst aus dem Examen gehen können, ohne sich Blößen, schmachvoller vielleicht, als der, eben von der Universität kommende, Jüngling gegeben zu haben, den sie examinierten.

(Die Fortsetzung folgt)   H. v. K.

Gebet des Zoroaster

(Aus einer indischen Handschrift, von einem Reisenden in den Ruinen von Palmyra gefunden)

Gott, mein Vater im Himmel! Du hast dem Menschen ein so freies, herrliches und üppiges Leben bestimmt. Kräfte unendlicher Art, göttliche und tierische, spielen in seiner Brust zusammen, um ihn zum König der Erde zu machen. Gleichwohl, von unsichtbaren Geistern überwältigt, liegt er, auf verwundernswürdige und unbegreifliche Weise, in Ketten und Banden; das Höchste, von Irrtum geblendet, läßt er zur Seite liegen, und wandelt, wie mit Blindheit geschlagen, unter Jämmerlichkeiten und Nichtigkeiten umher. Ja, er gefällt sich in seinem Zustand; und wenn die Vorwelt nicht wäre und die göttlichen Lieder, die von ihr Kunde geben, so würden wir gar nicht mehr ahnden, von welchen Gipfeln, o Herr! der Mensch um sich schauen kann. Nun lassest du es, von Zeit zu Zeit, niederfallen, wie Schuppen, von dem Auge eines deiner Knechte, den du dir erwählt, daß er die Torheiten und Irrtümer seiner Gattung überschaue; ihn rüstest du mit dem Köcher der Rede, daß er, furchtlos und liebreich, mitten unter sie trete, und sie mit Pfeilen, bald schärfer, bald leiser, aus der wunderlichen Schlafsucht, in welcher sie befangen liegen, wecke. Auch mich, o Herr, hast du, in deiner Weisheit, mich wenig Würdigen, zu diesem Geschäft erkoren; und ich schicke mich zu meinem Beruf an. Durchdringe mich ganz, vom Scheitel zur Sohle, mit dem Gefühl des Elends, in welchem dies Zeitalter darniederliegt, und mit der Einsicht in alle Erbärmlichkeiten, Halbheiten, Unwahrhaftigkeiten und Gleisnereien, von denen es die Folge ist. Stähle mich mit Kraft, den Bogen des Urteils rüstig zu spannen, und, in der Wahl der Geschosse, mit Besonnenheit und Klugheit, auf daß ich jedem, wie es ihm zukommt, begegne: den Verderblichen und Unheilbaren, dir zum Ruhm, niederwerfe, den Lasterhaften schrecke, den Irrenden warne, den Toren, mit dem bloßen Geräusch der Spitze über sein Haupt hin, necke. Und einen Kranz auch lehre mich winden, womit ich, auf meine Weise, den, der dir wohlgefällig ist, kröne! Über alles aber, o Herr, möge Liebe wachen zu dir, ohne welche nichts, auch das Geringfügigste nicht, gelingt: auf daß dein Reich verherrlicht und erweitert werde, durch alle Räume und alle Zeiten, Amen!

X.

Betrachtungen über den Weltlauf

Es gibt Leute, die sich die Epochen, in welchen die Bildung einer Nation fortschreitet, in einer gar wunderlichen Ordnung vorstellen. Sie bilden sich ein, daß ein Volk zuerst in tierischer *Roheit* und *Wildheit* daniederläge; daß man nach Verlauf einiger Zeit, das Bedürfnis einer Sittenverbesserung empfinden, und somit die *Wissenschaft von der Tugend* aufstellen müsse; daß man, um den Lehren derselben Eingang zu verschaffen, daran denken würde, sie in schönen Beispielen zu versinnlichen, und daß somit die *Ästhetik* erfunden werden würde: daß man nunmehr, nach den Vorschriften derselben, schöne Versinnlichungen verfertigen, und somit die Kunst selbst ihren Ursprung nehmen würde: und daß vermittelst der Kunst endlich das Volk auf die höchste Stufe menschlicher *Kultur* hinaufgeführt werden würde. Diesen Leuten dient zur Nachricht, daß alles, wenigstens bei den Griechen und Römern, in ganz umgekehrter Ordnung erfolgt ist. Diese Völker machten mit der *heroischen* Epoche, welche ohne Zweifel die höchste ist, die erschwungen werden kann, den Anfang; als sie in keiner menschlichen und bürgerlichen Tugend mehr Helden hatten, *dichteten* sie welche; als sie keine mehr dichten konnten, erfanden sie dafür die *Regeln*; als sie sich in den Regeln verwirrten, abstrahierten sie die *Weltweisheit* selbst; und als sie damit fertig waren, wurden sie *schlecht*.

z.

Empfindungen vor Friedrichs Seelandschaft

Herrlich ist es, in einer unendlichen Einsamkeit am Meeresufer, unter trübem Himmel, auf eine unbegrenzte Wasserwüste, hinauszuschauen. Dazu gehört gleichwohl, daß man dahin gegangen sei, daß man zurück muß, daß man hinüber möchte, daß man es nicht kann, daß man alles zum Leben vermißt, und die Stimme des Lebens dennoch im Rauschen der Flut, im Wehen der Luft, im Ziehen der Wolken, dem einsamen Geschrei der Vögel, vernimmt. Dazu gehört ein Anspruch, den das Herz macht, und ein Abbruch, um mich so auszudrücken, den einem die Natur tut. Dies aber ist vor dem Bilde unmöglich, und das, was ich in dem Bilde selbst finden sollte, fand ich erst zwischen mir und dem Bilde, nämlich einen Anspruch, den mein Herz an das Bild machte, und einen Abbruch, den mir das Bild tat; und so ward ich selbst der Kapuziner, das Bild ward die Düne, das aber, wo hinaus ich mit Sehnsucht blicken sollte, die See, fehlte ganz. Nichts kann trauriger und unbehaglicher sein, als diese Stellung in der Welt: der einzige Lebensfunke im weiten Reiche des Todes, der einsame Mittelpunkt im einsamen Kreis. Das Bild liegt, mit seinen zwei oder drei geheimnisvollen Gegenständen, wie die Apokalypse da, als ob es Youngs Nachtgedanken hätte, und da es, in seiner Einförmigkeit und Uferlosigkeit, nichts, als den Rahm, zum Vordergrund hat, so ist es, wenn man es betrachtet, als ob einem die Augenlider weggeschnitten wären. Gleichwohl hat der Maler zweifelsohne eine ganz neue Bahn im Felde seiner Kunst gebrochen; und ich bin überzeugt, daß sich, mit seinem Geiste, eine Quadratmeile märkischen Sandes darstellen ließe, mit einem Berberitzenstrauch, worauf sich eine Krähe einsam plustert, und daß dies Bild eine wahrhaft Ossiansche oder Kosegartensche Wirkung tun müßte. Ja, wenn man diese Landschaft mit ihrer eignen Kreide und mit ihrem eigenen Wasser malte; so, glaube ich, man könnte die Füchse und Wölfe damit zum Heulen bringen: das Stärkste, was man, ohne allen Zweifel, zum Lobe für diese Art von Landschaftsmalerei beibringen kann. – Doch meine eigenen Empfindungen, über dies wunderbare Gemälde, sind zu verworren; daher habe ich mir, ehe ich sie ganz auszusprechen wage, vorgenommen, mich durch die Äußerungen derer, die paarweise, von Morgen bis Abend, daran vorübergehen, zu belehren.

cb.

Brief eines Malers an seinen Sohn

Mein lieber Sohn,

Du schreibst mir, daß du eine Madonna malst, und daß dein Gefühl dir, für die Vollendung dieses Werks, so unrein und körperlich dünkt, daß du jedesmal, bevor du zum Pinsel greifst, das Abendmahl nehmen möchtest, um es zu heiligen. Laß dir von deinem alten Vater sagen, daß dies eine falsche, dir von der Schule, aus der du herstammst, anklebende Begeisterung ist, und daß es, nach Anleitung unserer würdigen alten Meister, mit einer gemeinen, aber übrigens rechtschaffenen Lust an dem Spiel, deine Einbildungen auf die Leinewand zu bringen, völlig abgemacht ist. Die Welt ist eine wunderliche Einrichtung; und die göttlichsten Wirkungen, mein lieber Sohn, gehen aus den niedrigsten und unscheinbarsten Ursachen hervor. Der Mensch, um dir ein Beispiel zu geben, das in die Augen springt, gewiß, er ist ein erhabenes Geschöpf; und gleichwohl, in dem Augenblick, da man ihn macht, ist es nicht nötig, daß man dies, mit vieler Heiligkeit, bedenke. Ja, derjenige, der das Abendmahl darauf nähme, und mit dem bloßen Vorsatz ans Werk ginge, seinen Begriff davon in der Sinnenwelt zu konstruieren, würde ohnfehlbar ein ärmliches und gebrechliches Wesen hervorbringen; dagegen derjenige, der, in einer heitern Sommernacht, ein Mädchen, ohne weiteren Gedanken, küßt, zweifelsohne einen Jungen zur Welt bringt, der nachher, auf rüstige Weise, zwischen Erde und Himmel herumklettert, und den Philosophen zu schaffen gibt. Und hiermit Gott befohlen.

y.

Allerneuster Erziehungsplan

Zu welchen abenteuerlichen Unternehmungen, sei es nun das Bedürfnis, sich auf eine oder die andere Weise zu ernähren, oder auch die bloße Sucht, neu zu sein, die Menschen verführen, und wie lustig dem zufolge oft die Insinuationen sind, die an die Redaktion dieser Blätter einlaufen: davon möge folgender Aufsatz, der uns kürzlich zugekommen ist, eine Probe sein.

Hochgeehrtes Publikum,

Die Experimentalphysik, in dem Kapitel von den Eigenschaften elektrischer Körper, lehrt, daß wenn man in die Nähe dieser Körper, oder, um kunstgerecht zu reden, in ihre Atmosphäre, einen unelektrischen (neutralen) Körper bringt, dieser plötzlich gleichfalls elektrisch wird, und zwar die entgegengesetzte Elektrizität annimmt. Es ist als ob die Natur einen Abscheu hätte, gegen alles, was, durch eine Verbindung von Umständen, einen überwiegenden und unförmlichen Wert angenommen hat; und zwischen je zwei Körpern, die sich berühren, scheint ein Bestreben angeordnet zu sein, das ursprüngliche Gleichgewicht, das zwischen ihnen aufgehoben ist, wieder herzustellen. Wenn der elektrische Körper positiv ist: so flieht, aus dem unelektrischen, alles, was an natürlicher Elektrizität darin vorhanden ist, in den äußersten und entferntesten Raum desselben, und bildet, in den, jenen zunächst liegenden, Teilen eine Art von Vakuum, das sich geneigt zeigt, den Elektrizitätsüberschuß, woran jener, auf gewisse Weise, krank ist, in sich aufzunehmen; und ist der elektrische Körper negativ, so häuft sich, in dem unelektrischen, und zwar in den Teilen, die dem elektrischen zunächst liegen, die natürliche Elektrizität schlagfertig an, nur auf den Augenblick harrend, den Elektrizitätsmangel umgekehrt, woran jener krank ist, damit zu ersetzen. Bringt man den unelektrischen Körper in den Schlagraum des elektrischen, so fällt, es sei nun von diesem zu jenem, oder von jenem zu diesem, der Funken: das Gleichgewicht ist hergestellt, und beide Körper sind einander an Elektrizität, völlig gleich.

Dieses höchst merkwürdige Gesetz findet sich, auf eine, unseres Wissens, noch wenig beachtete Weise, auch in der moralischen Welt; dergestalt, daß ein Mensch, dessen Zustand indifferent ist, nicht nur augenblicklich aufhört, es zu sein, sobald er mit einem anderen, dessen Eigenschaften, gleichviel auf welche Weise, bestimmt sind, in Berührung tritt: sein Wesen sogar wird, um mich so auszudrücken, gänzlich in den entgegengesetzten Pol hinübergespielt; er nimmt die Bedingung + an, wenn jener von der Bedingung – und die Bedingung –, wenn jener von der Bedingung + ist.

Einige Beispiele, hochverehrtes Publikum, werden dies deutlicher machen.

Das gemeine Gesetz des Widerspruchs ist jedermann, aus eigner Erfahrung, bekannt; das Gesetz, das uns geneigt macht, uns, mit unserer Meinung, immer auf die entgegengesetzte Seite hinüber zu werfen. Jemand sagt mir, ein Mensch, der am Fenster vorübergeht, sei so dick, wie eine Tonne. Die Wahrheit zu sagen, er ist von gewöhnlicher Korpulenz. Ich aber, da ich ans Fenster komme, ich berichtige diesen Irrtum nicht bloß: ich rufe Gott zum Zeugen an, der Kerl sei so dünn, als ein Stecken.

Oder eine Frau hat sich, mit ihrem Liebhaber, ein Rendezvous menagiert. Der Mann, in der Regel, geht des Abends, um Tricktrack zu spielen, in die Tabagie; gleichwohl um sicher zu gehen, schlingt sie den Arm um ihn, und spricht: mein lieber Mann! Ich habe die Hammelkeule, von heute mittag, aufwärmen lassen. Niemand besucht mich, wir sind ganz allein; laß uns den heutigen Abend einmal, in recht heiterer und vertraulicher Abgeschlossenheit zubringen. Der Mann, der gestern schweres Geld in der Tabagie verlor, dachte in der Tat heut, aus Rücksicht auf seine Kasse, zu Hause zu bleiben; doch plötzlich wird ihm die entsetzliche Langeweile klar, die ihm, seiner Frau gegenüber, im Hause verwartet. Er spricht: liebe Frau! Ich habe einem Freunde versprochen, ihm im Tricktrack, worin ich gestern gewann, Revanche zu geben. Laß mich, auf eine Stunde, wenn es sein kann, in die Tabagie gehn; morgen von Herzen gern stehe ich zu deinen Diensten.

Aber das Gesetz, von dem wir sprechen, gilt nicht bloß von Meinungen und Begehrungen, sondern, auf weit allgemeinere Weise, auch von Gefühlen, Affekten, Eigenschaften und Charakteren.

Ein portugiesischer Schiffskapitän, der, auf dem Mittelländischen Meer, von drei venezianischen Fahrzeugen angegriffen ward, befahl, entschlossen wie er war, in Gegenwart aller seiner Offiziere und Soldaten, einem Feuerwerker, daß sobald irgend auf dem Verdeck ein Wort von Übergabe laut werden würde, er, ohne weiteren Befehl, nach der Pulverkammer gehen, und das Schiff in die Luft sprengen möchte. Da man sich vergebens, bis gegen Abend, gegen die Übermacht herumgeschlagen hatte, und allen Forderungen die die Ehre an die Equipage machen konnte, ein Genüge geschehen war: traten die Offiziere in vollzähliger Versammlung den Kapitän an, und forderten ihn auf, das Schiff zu übergeben. Der Kapitän, ohne zu antworten, kehrte sich um, und fragte, wo der Feuerwerker sei; seine Absicht, wie er nachher versichert hat, war, ihm aufzugeben, auf der Stelle den Befehl, den er ihm erteilt, zu vollstrecken. Als er aber den Mann schon, die brennende Lunte in der Hand, unter den Fässern, inmitten der Pulverkammer fand: ergriff er ihn plötzlich, vor Schrecken bleich, bei der Brust, riß ihn, in Vergessenheit aller anderen Gefahr, aus der Kammer heraus, trat die Lunte, unter Flüchen und Schimpfwörtern, mit Füßen aus und warf sie ins Meer. Den Offizieren aber sagte er, daß sie die weiße Fahne aufstecken möchten, indem er sich übergeben wolle.

Ich selbst, um ein Beispiel aus meiner Erfahrung zu geben, lebte, vor einigen Jahren, aus gemeinschaftlicher Kasse, in einer kleinen Stadt am Rhein, mit einer Schwester. Das Mädchen war in der Tat bloß, was man, im gemeinen Leben, eine gute Wirtin nennt; freigebig sogar in manchen Stücken; ich hatte es selbst erfahren. Doch weil ich locker und lose war, und das Geld auf keine Weise achtete: so fing sie an zu knickern und zu knausern; ja, ich bin überzeugt, daß sie geizig geworden wäre, und mir Rüben in den Kaffee und Lichter in die Suppe getan hätte. Aber das Schicksal wollte zu ihrem Glücke, daß wir uns trennten.

Wer dies Gesetz recht begreift, dem wird die Erscheinung gar nicht mehr fremd sein, die den Philosophen so viel zu schaffen gibt: die Erscheinung, daß große Männer, in der Regel, immer von unbedeutenden und obskuren Eltern abstammen, und ebenso wieder Kinder groß ziehen, die in jeder Rücksicht untergeordnet und geringartig sind. Und in der Tat, man kann das Experiment, wie die moralische Atmosphäre, in dieser Hinsicht, wirkt, alle Tage anstellen. Man bringe nur einmal alles, was, in einer Stadt, an Philosophen, Schöngeistern, Dichtern und Künstlern, vorhanden ist, in einen Saal zusammen: so werden einige, aus ihrer Mitte, auf der

Stelle dumm werden; wobei wir uns, mit völliger Sicherheit, auf die Erfahrung eines jeden berufen, der einem solchen Tee oder Punsch einmal beigewohnt hat.

Wie vielen Einschränkungen ist der Satz unterworfen: daß schlechte Gesellschaften gute Sitten verderben; da doch schon Männer, wie Basedow und Campe, die doch sonst, in ihrem Erziehungshandwerk, wenig gegensätzisch verfuhren, angeraten haben, jungen Leuten zuweilen den Anblick böser Beispiele zu verschaffen, um sie von dem Laster abzuschrecken. Und wahrlich, wenn man die gute Gesellschaft, mit der schlechten, in Hinsicht auf das Vermögen, die Sitte zu entwickeln, vergleicht, so weiß man nicht, für welche man sich entscheiden soll, da, in der guten, die Sitte nur nachgeahmt werden kann, in der schlechten hingegen, durch eine eigentümliche Kraft des Herzens erfunden werden muß. Ein Taugenichts mag, in tausend Fällen, ein junges Gemüt, durch sein Beispiel, verführen, sich auf Seiten des Lasters hinüber zu stellen; tausend andere Fälle aber gibt es, wo es, in natürlicher Reaktion, das Polarverhältnis gegen dasselbe annimmt, und dem Laster, zum Kampf gerüstet, gegenüber tritt. Ja, wenn man, auf irgend einem Platze der Welt, etwa einer wüsten Insel, alles, was die Erde an Bösewichtern hat, zusammenbrächte: so würde sich nur ein Tor darüber wundern können, wenn er, in kurzer Zeit, alle, auch die erhabensten und göttlichsten, Tugenden unter ihnen anträfe.

Wer dies für paradox halten könnte, der besuche nur einmal ein Zuchthaus oder eine Festung. In den von Frevlern aller Art, oft bis zum Sticken angefüllten Kasematten, werden, weil keine Strafe mehr, oder doch nur sehr unvollkommen, bis hierher dringt, Ruchlosigkeiten, die kein Name nennt, verübt. Demnach würde, in solcher Anarchie, Mord und Totschlag und zuletzt der Untergang aller die unvermeidliche Folge sein, wenn nicht auf der Stelle, aus ihrer Mitte, welche aufträten, die auf Recht und Sitte halten. Ja, oft setzt sie der Kommandant selbst ein; und Menschen, die vorher aufsätzig waren, gegen alle göttliche und menschliche Ordnung, werden hier, in erstaunungswürdiger Wendung der Dinge, wieder die öffentlichen, geheiligten Handhaber derselben, wahre Staatsdiener der guten Sache, bekleidet mit der Macht, ihr Gesetz aufrecht zu halten.

Daher kann die Welt mit Recht auf die Entwickelung der Verbrecherkolonie in Botany-Bai aufmerksam sein. Was aus solchem, dem Boden eines Staats abgeschlämmten Gesindel werden kann, liegt bereits in den nordamerikanischen Freistaaten vor Augen; und um uns auf den Gipfel unsrer metaphysischen Ansicht zu schwingen, erinnern wir den Leser bloß an den Ursprung, die Geschichte, an die Entwickelung und Größe von Rom.

In Erwägung nun <u>Jetzt rückt dieser merkwürdige Pädagog mit seinem neuesten Erziehungsplan heraus. (Die Redaktion)</u>

1. daß alle Sittenschulen bisher nur auf den Nachahmungstrieb gegründet waren, und statt das gute Prinzip, auf eigentümliche Weise im Herzen zu entwickeln, nur durch Aufstellung sogenannter guter Beispiele, zu wirken suchten <u>So! – Als ob die pädagogischen Institute nicht, nach ihrer natürlichen Anlage, schwache Seiten genug darböten! (Die Redakt.)</u>
2. daß diese Schulen, wie die Erfahrung lehrt, nichts eben, für den Fortschritt der Menschheit Bedeutendes und Erkleckliches, hervorgebracht haben; <u>In der Tat! – Dieser Philosoph könnte das Jahrhundert um seinen ganzen Ruhm bringen. (Die Redakt.)</u>
   das Gute aber
3. das sie bewirkt haben, allein von dem Umstand herzurühren scheint, daß sie schlecht waren, und hin und wieder, gegen die Verabredung, einige schlechten Beispiele mitunter liefen;

in Erwägung, sagen wir, aller dieser Umstände, sind wir gesonnen, eine sogenannte *Lasterschule*, oder vielmehr eine gegensätzische Schule, eine Schule der Tugend durch Laster, zu errichten. <u>Risum teneatis, amici! (Die Redakt.)</u>

Demnach werden für alle, einander entgegenstehende Laster, Lehrer angestellt werden, die in bestimmten Stunden des Tages, nach der Reihe, auf planmäßige Art, darin Unterricht erteilen: in der Religionsspötterei sowohl als in der Bigotterie, im Trotz sowohl als in der Wegwerfung und Kriecherei, und im Geiz und in der Furchtsamkeit sowohl, als in der Tollkühnheit und in der Verschwendung.

Diese Lehrer werden nicht bloß durch Ermahnungen, sondern durch Beispiel, durch lebendige Handlung, durch unmittelbaren praktischen, geselligen Umgang und Verkehr zu wirken suchen.

Für Eigennutz, Plattheit, Geringschätzung alles Großen und Erhabenen und manche anderen Untugenden, die man in Gesellschaften und auf der Straße lernen kann, wird es nicht nötig sein, Lehrer anzustellen.

In der Unreinlichkeit und Unordnung, in der Zank- und Streitsucht und Verleumdung, wird meine Frau Unterricht erteilen.

Liederlichkeit, Spiel, Trunk, Faulheit und Völlerei, behalte ich mir bevor.

Der Preis ist der sehr mäßige von 300 Rtl.

N. S.

Eltern, die uns ihre Kinder nicht anvertrauen wollten, aus Furcht, sie in solcher Anstalt, auf unvermeidliche Weise, verderben zu sehen, würden dadurch an den Tag legen, daß sie ganz übertriebene Begriffe von der Macht der Erziehung haben. Die Welt, die ganze Masse von Objekten, die auf die Sinne wirken, hält und regiert, an tausend und wieder tausend Fäden, das junge, die Erde begrüßende, Kind. Von diesen Fäden, ihm um die Seele gelegt, ist allerdings die Erziehung einer, und sogar der wichtigste und stärkste; verglichen aber mit der ganzen Totalität, mit der ganzen Zusammenfassung der übrigen, verhält er sich wie ein Zwirnsfaden zu einem Ankertau; eher drüber als drunter.

Und in der Tat, wie mißlich würde es mit der Sittlichkeit aussehen, wenn sie kein tieferes Fundament hätte, als das sogenannte gute Beispiel eines Vaters oder einer Mutter, und die platten Ermahnungen eines Hofmeisters oder einer französischen Mamsell. – Aber das Kind ist kein Wachs, das sich, in eines Menschen Händen, zu einer beliebigen Gestalt kneten läßt: es lebt, es ist frei; es trägt ein unabhängiges und eigentümliches Vermögen der Entwickelung, und das Muster aller innerlichen Gestaltung, in sich.

Ja, gesetzt, eine Mutter nähme sich vor, ein Kind, das sie an ihrer Brust trägt, von Grund aus zu verderben: so würde sich ihr auf der Welt dazu kein unfehlbares Mittel darbieten, und, wenn das Kind nur sonst von gewöhnlichen, rechtschaffenen Anlagen ist, das Unternehmen, vielleicht auf die sonderbarste und überraschendste Art, daran scheitern.

Was sollte auch, in der Tat, aus der Welt werden, wenn den Eltern ein unfehlbares Vermögen beiwohnte, ihre Kinder nach Grundsätzen, zu welchen sie die Muster sind, zu erziehen: da die Menschheit, wie bekannt, fortschreiten soll, und es mithin, selbst dann, wenn an ihnen nichts auszusetzen wäre, nicht genug ist, daß die Kinder werden, wie sie; sondern besser.

Wenn demnach die uralte Erziehung, die uns die Väter, in ihrer Einfalt, überliefert haben, an den Nagel gehängt werden soll: so ist kein Grund, warum unser Institut nicht, mit allen andern, die die pädagogische Erfindung, in unsern Tagen, auf die Bahn gebracht hat, in die Schranken treten soll. In unsrer Schule wird, wie in diesen, gegen je einen, der darin zu Grunde geht, sich ein andrer finden, in dem sich Tugend und Sittlichkeit auf gar robuste und tüchtige Art entwickelt; es wird alles in der Welt bleiben, wie es ist; und was die Erfahrung von Pestalozzi und Zeller und allen andern Virtuosen der neuesten Erziehungskunst, und ihren Anstalten sagt, das wird sie auch von uns und der unsrigen sagen: »Hilft es nichts, so schadet es nichts.«

Rechtenfleck im Holsteinischen,   C. J.
Levanus,
den 15. Okt. 1810   Konrektor.

Brief eines jungen Dichters an einen jungen Maler

Uns Dichtern ist es unbegreiflich, wie ihr euch entschließen könnt, ihr lieben Maler, deren Kunst etwas so Unendliches ist, jahrelang zuzubringen mit dem Geschäft, die Werke eurer großen Meister zu kopieren. Die Lehrer, bei denen ihr in die Schule geht, sagt ihr, leiden nicht, daß ihr eure Einbildungen, ehe die Zeit gekommen ist, auf die Leinewand bringt; wären wir aber, wir Dichter, in eurem Fall gewesen, so meine ich, wir würden unsern Rücken lieber unendlichen Schlägen ausgesetzt haben, als diesem grausamen Verbot ein Genüge zu tun. Die Einbildungskraft würde sich, auf ganz unüberwindliche Weise, in unseren Brüsten geregt haben, und wir, unseren unmenschlichen Lehrern zum Trotz, gleich, sobald wir nur gewußt hätten, daß man mit dem Büschel, und nicht mit dem Stock am Pinsel malen müsse, heimlich zur Nachtzeit die Türen verschlossen haben, um uns in der Erfindung, diesem Spiel der Seligen, zu versuchen. Da, wo sich die Phantasie in euren jungen Gemütern vorfindet, scheint uns, müsse sie, unerbittlich und unrettbar, durch die endlose Untertänigkeit, zu welcher ihr euch beim Kopieren in Galerien und Sälen verdammt, zu Grund und Boden gehen. Wir wissen, in unsrer Ansicht schlecht und recht von der Sache nicht, was es mehr bedarf, als das Bild, das euch rührt, und dessen Vortrefflichkeit ihr euch anzueignen wünscht, mit Innigkeit und Liebe, durch Stunden, Tage, Wochen, Monden, oder meinethalben Jahre, anzuschauen. Wenigstens dünkt uns, läßt sich ein doppelter Gebrauch von einem Bilde machen; einmal der, den ihr davon macht, nämlich die Züge desselben nachzuschreiben, um euch die Fertigkeit der malerischen Schrift einzulernen; und dann in seinem Geist, gleich vom Anfang herein, nachzuerfinden. Und auch diese Fertigkeit müßte, sobald als nur irgend möglich, gegen die Kunst selbst, deren wesentliches Stück die Erfindung nach eigentümlichen Gesetzen ist, an den Nagel gehängt werden. Denn die Aufgabe, Himmel und Erde! ist ja nicht, ein anderer, sondern ihr selbst zu sein, und euch selbst, euer Eigenstes und Innerstes, durch Umriß und Farben, zur Anschauung zu bringen! Wie mögt ihr euch nur in dem Maße verachten, daß ihr willigen könnt, ganz und gar auf Erden nicht vorhanden gewesen zu sein; da eben das Dasein so herrlicher Geister, als die sind, welche ihr bewundert, weit entfernt, euch zu vernichten, vielmehr allererst die rechte Lust in euch erwecken und mit der Kraft, heiter und tapfer, ausrüsten sollen, auf eure eigne Weise gleichfalls zu sein? Aber ihr Leute, ihr bildet euch ein, ihr müßtet durch euren Meister, den Raphael oder Corregge, oder wen ihr euch sonst zum Vorbild gesetzt habt, hindurch; da ihr euch doch ganz und gar umkehren, mit dem Rücken gegen ihn stellen, und, in diametral entgegengesetzter Richtung, den Gipfel der Kunst, den ihr im Auge habt, auffinden und ersteigen könntet. – So! sagt ihr und seht mich an: was der Herr uns da Neues sagt! und lächelt und zuckt die Achseln. Demnach, ihr Herren, Gott befohlen! Denn da Kopernikus schon vor dreihundert Jahren gesagt hat, daß die Erde rund sei, so sehe ich nicht ein, was es helfen könnte, wenn ich es hier wiederholte. Lebet wohl!

y.

Von der Überlegung

Eine Paradoxe

Man rühmt den Nutzen der Überlegung in alle Himmel; besonders der kaltblütigen und langwierigen, vor der Tat. Wenn ich ein Spanier, ein Italiener oder ein Franzose wäre: so möchte es damit sein Bewenden haben. Da ich aber ein Deutscher bin, so denke ich meinem Sohn einst, besonders wenn er sich zum Soldaten bestimmen sollte, folgende Rede zu halten.

»Die Überlegung, wisse, findet ihren Zeitpunkt weit schicklicher *nach*, als *vor* der Tat. Wenn sie vorher, oder in dem Augenblick der Entscheidung selbst, ins Spiel tritt: so scheint sie nur die zum Handeln nötige Kraft, die aus dem herrlichen Gefühl quillt, zu verwirren, zu hemmen und zu unterdrücken; dagegen sich nachher, wenn die Handlung abgetan ist, der Gebrauch von ihr machen läßt, zu welchem sie dem Menschen eigentlich gegeben ist, nämlich sich dessen, was in dem Verfahren fehlerhaft und gebrechlich war, bewußt zu werden, und das Gefühl für andere künftige Fälle zu regulieren. Das Leben selbst ist ein Kampf mit dem Schicksal; und es verhält sich auch mit dem Handeln wie mit dem Ringen. Der Athlet kann, in dem Augenblick, da er seinen Gegner umfaßt hält, schlechthin nach keiner anderen Rücksicht, als nach bloßen augenblicklichen Eingebungen verfahren; und derjenige, der berechnen wollte, welche Muskeln er anstrengen, und welche Glieder er in Bewegung setzen soll, um zu überwinden, würde unfehlbar den kürzeren ziehen, und unterliegen. Aber nachher, wenn er gesiegt hat oder am Boden hegt, mag es zweckmäßig und an seinem Ort sein, zu überlegen, durch welchen Druck er seinen Gegner niederwarf, oder welch ein Bein er ihm hätte stellen sollen, um sich aufrecht zu erhalten. Wer das Leben nicht, wie ein solcher Ringer, umfaßt hält, und tausendgliedrig, nach allen Windungen des Kampfs, nach allen Widerständen, Drücken, Ausweichungen und Reaktionen, empfindet und spürt: der wird, was er will, in keinem Gespräch, durchsetzen; vielweniger in einer Schlacht.«

x.

Fragmente

1.

Es gibt gewisse Irrtümer, die mehr Aufwand von Geist kosten, als die Wahrheit selbst. Tycho hat, und mit Recht, seinen ganzen Ruhm einem Irrtum zu verdanken, und wenn Kepler uns nicht das Weltgebäude erklärt hätte, er würde berühmt geworden sein, bloß wegen des Wahns, in dem er stand, und wegen der scharfsinnigen Gründe, womit er ihn unterstützte, nämlich, daß sich der Mond nicht um seine Achse drehe.

2.

Man könnte die Menschen in zwei Klassen abteilen; in solche, die sich auf eine Metapher und 2) in solche, die sich auf eine Formel verstehn. Deren, die sich auf beides verstehn, sind zu wenige, sie machen keine Klasse aus.

Miszellen

[1]

Falstaff bemerkt, in der Schenke von Eastcheap, daß er nicht bloß selbst witzig, sondern auch schuld sei, daß andere Leute (auf seine Kosten) witzig wären. Mancher Gimpel, den ich hier nicht nennen mag, stellt diesen Satz auf den Kopf. Denn er ist nicht bloß selbst albern, sondern auch schuld daran, daß andere Leute (seinem Gesicht und seinen Reden gegenüber) albern werden.

tz.

[2]

Zu Montesquieus Zeiten waren die Frisuren so hoch, daß es, wie er witzig bemerkt, aussah, als ob die Gesichter in der Mitte der menschlichen Gestalt ständen; bald nachher wurden die Hacken so hoch, daß es aussah, als ob die Füße diesen sonderbaren Platz einnähmen. Auf eine ähnliche Art waren, mit Montesquieu zu reden,

vor einer Handvoll Jahren, die Taillen so dünn, daß es aussah, als
ob die Frauen gar keine Leiber hätten; jetzt im Gegenteil sind die
Arme so dick, daß es aussieht, als ob sie deren drei hätten.

Ein Satz aus der höheren Kritik

An ***

Es gehört mehr Genie dazu, ein mittelmäßiges Kunstwerk zu würdigen, als ein vortreffliches. Schönheit und Wahrheit leuchten der menschlichen Natur in der allerersten Instanz ein; und so wie die erhabensten Sätze am leichtesten zu verstehen sind (nur das Minutiöse ist schwer zu begreifen), so gefällt das Schöne leicht; nur das Mangelhafte und Manierierte genießt sich mit Mühe. In einem trefflichen Kunstwerk ist das Schöne so rein enthalten, daß es jedem gesunden Auffassungsvermögen, als solchem, in die Sinne springt; im Mittelmäßigen hingegen ist es mit soviel Zufälligem oder wohl gar Widersprechenden vermischt, daß ein weit schärferes Urteil, eine zartere Empfindung, und eine geübtere und lebhaftere Imagination, kurz mehr Genie dazu gehört, um es davon zu säubern. Daher sind auch über vorzügliche Werke die Meinungen niemals geteilt (die Trennung, die die Leidenschaft hineinbringt, erwäge ich hier nicht); nur über solche, die es nicht ganz sind, streitet und zankt man sich. Wie rührend ist die Erfindung in manchem Gedicht: nur durch Sprache, Bilder und Wendungen so entstellt, daß man oft unfehlbares Sensorium haben muß, um es zu entdecken. Alles dies ist so wahr, daß der Gedanke zu unsern vollkommensten Kunstwerken (z. B. eines großen Teils der Shakespeareschen) bei der Lektüre schlechter, der Vergessenheit ganz übergebener Broschüren und Scharteken entstanden ist. Wer also Schiller und Goethe lobt, der gibt mir dadurch noch gar nicht, wie er glaubt, den Beweis eines vorzüglichen und außerordentlichen Schönheitssinnes; wer aber mit Gellert und Cronegk hie und da zufrieden ist, der läßt mich, wenn er nur sonst in einer Rede recht hat, vermuten, daß er Verstand und Empfindungen, und zwar beide in einem seltenen Grade besitzt.

xy.

Brief eines Dichters an einen Anderen

Mein teurer Freund!

Jüngsthin, als ich dich bei der Lektüre meiner Gedichte fand, verbreitetest du dich, mit außerordentlicher Beredsamkeit, über die Form, und unter beifälligen Rückblicken über die Schule, nach der ich mich, wie du vorauszusetzen beliebst, gebildet habe; rühmtest du mir auf eine Art, die mich zu beschämen geschickt war, bald die Zweckmäßigkeit des dabei zum Grunde liegenden Metrums, bald den Rhythmus, bald den Reiz des Wohlklangs und bald die Reinheit und Richtigkeit des Ausdrucks und der Sprache überhaupt. Erlaube mir, dir zu sagen, daß dein Gemüt hier auf Vorzügen verweilt, die ihren größten Wert dadurch bewiesen haben würden, daß du sie gar nicht bemerkt hättest. Wenn ich beim Dichten in meinen Busen fassen, meinen Gedanken ergreifen, und mit Händen, ohne weitere Zutat, in den deinigen legen könnte: so wäre, die Wahrheit zu gestehn, die ganze innere Forderung meiner Seele erfüllt. Und auch dir, Freund, dünkt mich, bliebe nichts zu wünschen übrig: dem Durstigen kommt es, als solchem, auf die Schale nicht an, sondern auf die Früchte, die man ihm darin bringt. Nur weil der Gedanke, um zu erscheinen, wie jene flüchtigen, undarstellbaren, chemischen Stoffe, mit etwas Gröberem, Körperlichen, verbunden sein muß: nur darum bediene ich mich, wenn ich mich dir mitteilen will, und nur darum bedarfst du, um mich zu verstehen, der Rede. Sprache, Rhythmus, Wohlklang usw., und so reizend diese Dinge auch, insofern sie den Geist einhüllen, sein mögen, so sind sie doch an und für sich, aus diesem höheren Gesichtspunkt betrachtet, nichts, als ein wahrer, obschon natürlicher und notwendiger Übelstand; und die Kunst kann, in bezug auf sie, auf nichts gehen, als sie möglichst verschwinden zu machen. Ich bemühe mich aus meinen besten Kräften, dem Ausdruck Klarheit, dem Versbau Bedeutung, dem Klang der Worte Anmut und Leben zu geben: aber bloß, damit diese Dinge gar nicht, vielmehr einzig und allein der Gedanke, den sie einschließen, erscheine. Denn das ist die Eigenschaft aller echten Form, daß der Geist augenblicklich und unmittelbar daraus hervortritt, während die mangelhafte ihn, wie ein schlechter Spiegel, gebunden hält, und uns an nichts erinnert, als an sich selbst. Wenn du mir daher, in dem Moment der ersten Empfängnis, die Form meiner kleinen, anspruchlosen Dichterwerke lobst: so erweckst du in mir, auf natürlichem Wege, die Besorgnis, daß darin ganz falsche rhythmische und prosodische Reize enthalten sind, und daß dein Gemüt, durch den Wortklang oder den Versbau, ganz und gar von dem, worauf es mir eigentlich ankam, abgezogen worden ist. Denn warum solltest du sonst dem Geist, den ich in die Schranken zu rufen bemüht war, nicht Rede stehen, und grade wie im Gespräch, ohne auf das Kleid meines Gedankens zu achten, ihm selbst, mit deinem Geiste, entgegentreten; Aber diese Unempfindlichkeit gegen das Wesen und den Kern der Poesie, bei der, bis zur Krankheit, ausgebildeten Reizbarkeit für das Zufällige und die Form, klebt deinem Gemüt überhaupt, meine ich, von der Schule an, aus welcher du stammst; ohne Zweifel gegen die Absicht dieser Schule, welche selbst geistreicher war, als irgend eine, die je unter uns auftrat, obschon nicht ganz, bei dem paradoxen Mutwillen ihrer Lehrart, ohne ihre Schuld. Auch bei der Lektüre von ganz andern Dichterwerken, als der meinigen, bemerke ich, daß dein Auge (um es dir mit einem Sprichwort zu sagen) den Wald vor seinen Bäumen nicht sieht. Wie nichtig oft, wenn wir den Shakespeare zur Hand nehmen, sind die Interessen, aufweichen du mit deinem Gefühl verweilst, in Vergleich mit den großen, erhabenen, weltbürgerlichen, die vielleicht nach der Absicht dieses herrlichen Dichters in deinem Herzen anklingen sollten! Was kümmert mich, auf den Schlachtfeldern von Agincourt, der Witz der Wortspiele, die darauf gewechselt werden; und wenn Ophelia vom Hamlet sagt: »welch ein edler Geist ward hier zerstört!« oder Macduf vom Macbeth: »er hat keine Kinder!« – Was liegt an Jamben, Reimen, Assonanzen und dergleichen Vorzügen, für welche dein Ohr stets, als gäbe es gar keine andere, gespitzt ist? – Lebe wohl!

Ny.

Über tredition

Eigenes Buch veröffentlichen

tredition wurde 2006 in Hamburg gegründet und hat seither mehrere tausend Buchtitel veröffentlicht. Autoren veröffentlichen in wenigen leichten Schritten gedruckte Bücher, e-Books und audio-Books. tredition hat das Ziel, die beste und fairste Veröffentlichungsmöglichkeit für Autoren zu bieten.

tredition wurde mit der Erkenntnis gegründet, dass nur etwa jedes 200. bei Verlagen eingereichte Manuskript veröffentlicht wird. Dabei hat jedes Buch seinen Markt, also seine Leser. tredition sorgt dafür, dass für jedes Buch die Leserschaft auch erreicht wird.

Im einzigartigen Literatur-Netzwerk von tredition bieten zahlreiche Literatur-Partner (das sind Lektoren, Übersetzer, Hörbuchsprecher und Illustratoren) ihre Dienstleistung an, um Manuskripte zu verbessern oder die Vielfalt zu erhöhen. Autoren vereinbaren direkt mit den Literatur-Partnern die Konditionen ihrer Zusammenarbeit und partizipieren gemeinsam am Erfolg des Buches.

Das gesamte Verlagsprogramm von tredition ist bei allen stationären Buchhandlungen und Online-Buchhändlern wie z. B. Amazon erhältlich. e-Books stehen bei den führenden Online-Portalen (z. B. iBookstore von Apple oder Kindle von Amazon) zum Verkauf.

Einfach leicht ein Buch veröffentlichen: **www.tredition.de**

Eigene Buchreihe oder eigenen Verlag gründen

Seit 2009 bietet tredition sein Verlagskonzept auch als sogenanntes "White-Label" an. Das bedeutet, dass andere Unternehmen, Institutionen und Personen risikofrei und unkompliziert selbst zum Herausgeber von Büchern und Buchreihen unter eigener Marke werden können. tredition übernimmt dabei das komplette Herstellungs- und Distributionsrisiko.

Zahlreiche Zeitschriften-, Zeitungs- und Buchverlage, Universitäten, Forschungseinrichtungen u.v.m. nutzen diese Dienstleistung von tredition, um unter eigener Marke ohne Risiko Bücher zu verlegen.

Alle Informationen im Internet: **www.tredition.de/fuer-verlage**

tredition wurde mit mehreren Innovationspreisen ausgezeichnet, u. a. mit dem Webfuture Award und dem Innovationspreis der Buch Digitale.

tredition ist Mitglied im Börsenverein des Deutschen Buchhandels.

Dieses Werk elektronisch lesen

Dieses Werk ist Teil der Gutenberg-DE Edition DVD. Diese enthält das komplette Archiv des Projekt Gutenberg-DE. Die DVD ist im Internet erhältlich auf **http://gutenbergshop.abc.de**

Zeitfracht Medien GmbH
Ferdinand-Jühlke-Straße 7
99095 Erfurt, Deutschland
produktsicherheit@kolibri360.de